给女人的法律书

司文沛 张爱彤 著

 中国友谊出版公司

图书在版编目（CIP）数据

给女人的法律书 / 司文沛，张爱彤著． -- 北京：
中国友谊出版公司，2024. 10． -- ISBN 978-7-5057
-6021-9

Ⅰ．D923.904

中国国家版本馆 CIP 数据核字第 2024AW1355 号

书名	**给女人的法律书**
作者	司文沛　张爱彤
出版	中国友谊出版公司
发行	中国友谊出版公司
经销	新华书店
印刷	水印书香（唐山）印刷有限公司
规格	670 毫米×950 毫米　16 开
	12 印张　120 千字
版次	2024 年 10 月第 1 版
印次	2024 年 10 月第 1 次印刷
书号	ISBN 978-7-5057-6021-9
定价	56.00 元
地址	北京市朝阳区西坝河南里 17 号楼
邮编	100028
电话	（010）64678009

致女孩

因为做了多年律师，所见皆是鸡零狗碎、人情冷暖。惊觉人与人之间千差万别，太多伤害没有缘由，太多事情匪夷所思。

有女性当事人被丈夫打断了四根肋骨，还没出院就又在朋友圈秀恩爱，一问之下的回答是：我还爱他，我原谅他；也有姐妹与男人相识两个月便为其豪掷六十万元买车，最后人财两空；甚至还有当事人得了癌症躺在医院化疗，其丈夫卷钱跑路（而今她已经去世）……太多悲剧，数不胜数。

一个"爱"字，将她们半生所受的苦楚全部抹杀，仿佛那些血泪都是她们该受的。她们当断不断，日复一日陷入巨大的精神内耗，反反复复就是一句：我爱他。

可什么是爱呢？

爱从来都是两个人的事，若不能双向奔赴，心意相通，又何以称为爱？

2019年热播的电视剧《皓澜传》中，宁静饰演的王后对公主雅说："你可以爱上贩夫走卒，你甚至可以爱上叛逆死囚，但你绝对不可以爱上一个不爱你的人。"

人生不过短短几十年，太多幸福来不及享，太多风景来不及看，太多经历来不及体验。将时间花费在美好的事物上才不算浪费，你何必在不爱你的人身上虚掷光阴？

爱一个人之前要先爱自己，而且你一定要学会爱自己。

事实上，爱自己是一件很难的事：你是否很好地呵护着父母给你的这具躯体，让它始终保持健康？你是否努力寻求方法让你的心灵始终保持愉悦？你是否收集过生活中的点滴幸福，让它们给予你力量，助你强大，让你无论处在何种境地都始终奋发向上？你是否努力保持澄澈的思维，虽然看清了生活的真相，但依然热泪盈眶地热爱着这个世界？你是否明白人生的意义，以及这一生要走向何方？

女人，请好好地爱自己呀。

请努力积蓄力量，顶天立地地站在这个可爱又凉薄的世界上，对试图伤害你的人给予威慑；对伤害你的人勇敢做出反击；对消耗你的人说"拜拜"。远离身边的负能量，远离那些让你变得不美好的人和事，永远向着美和善进发。

出身名门的洪晃曾说："我和陈凯歌在一起后才知道什么是嫉妒。怎么会有那么多女人喜欢他？我以前从来没有处在一个有什么东西我需要去争去抢的环境。我觉得和他在一起，会把我人性中最恶劣的一面给带出来。"所以，她义无反顾地离婚了，因为和陈凯歌在一起，她觉得自己变得越来越不美好，越来越歇斯底里，越来越丑陋，但她不想变成那个样子，她有自己的方向，她不想失去自己，所以她选择"断舍离"。

我曾经在一本旧杂志上看到过一句很美的话——你是云的柔光，花的眼。

看到这句话的时候，我被深深地触动，我觉得这就该是用来形容女人的。

女人是那样的柔软和美丽，那样的精致和朝气蓬勃，我们永远都要珍惜自己，不要放任自己在生活的泥潭里慢慢枯萎。所以，不管你现在处在什么样的境地，都请带着微笑勇往直前，并保持强大。请行动起来，认识自己、不断学习、自我成长，去奋斗，去改变，让自己变得越来越美好，即便暂时身处逆境，也要努力走向光明之处。

在这本书中，我根据自己的切身经历，结合社会热点，深度剖析现代社会中女性存在的困境，从法律的角度给女性朋友们提供一些建议。衷心希望每一位女性朋友都能变得清醒而强大，按照自己喜欢的方式过一生，在尘世中收获属于自己的那份小幸福。

——献给我心尖尖上的宝贝儿

婚姻家庭卷 用法律为爱情保驾护航

职场丽人卷 用劳动法为事业保驾护航

2　孕期特殊保护

婚姻家庭卷
用法律为爱情保驾护航

聊聊我们的爱情观：
先谋生，再谋爱。

1

结婚是人生的必选项吗？

在这个快节奏的时代，无论是在繁华的都市还是宁静的乡村，许多适龄女性都有过被"催婚"的经历。不论是在春节回家团聚的饭桌上，还是在周末与亲友聚会时，我们常会听到这样的话："你打算什么时候结婚？""我给你介绍一个对象，你见见吧。"这些话语的背后，承载着长辈的期望，也反映出社会的传统观念。而对于许多年轻人来说，这不仅仅是一种关切，更是一种无形的压力：不结婚吧，显得与这个社会格格不入；结婚吧，一时间又找不到合适的人。在这样的背景下，有些女性迫于压力，可能会草率地决定自己的人生大事，糊里糊涂地步入婚姻。

那么，结婚是不是人生的必选项呢？

李瑶是个温婉的女孩，性格内向，不太善于社交。她大学毕业后在一家小公司做会计工作，生活平静而简单。随着时间的推移，周围的朋友一个个结婚生子，她也感受到了来自家庭和社会的压力。

李瑶的母亲张阿姨一直在为李瑶物色结婚对象。一天，张阿姨听同事介绍说一个在国企工作的小伙子条件不错，便急匆匆地为李瑶安排了一次相亲。这位名叫王强的小伙子比李瑶大三岁，看起来稳重可靠。

李瑶虽然对相亲不太感兴趣，但碍于母亲的压力，勉强答应见面了。两人见面后并没有太多的共同话题，王强也不怎么主动交流，但张阿姨却觉得王强很合适。在母亲的极力劝说下，再加上周围人的撮合，李瑶同意了这门亲事。

但是，婚后的生活并不如想象中的美好。王强经常加班到深夜，两人之间的沟通越来越少。更让李瑶难以接受的是王强的某些不良生活习惯，比如王强喜欢抽烟，而李瑶对烟味过敏。两人的价值观也存在差异，每每谈到对未来的规划时，就会以争吵收场。日子一天天过去，两人之间的矛盾越来越多，争吵越来越频繁。

两年后，李瑶意识到这段婚姻并不是自己想要的，自己当初做出结婚的决定有些草率。她很痛苦。最终，在朋友和家人的支持下，她鼓起勇气结束了这段失败的婚姻，重新开始了自己的生活。

与李瑶相反，赵晴性格开朗、聪明能干，在一家知名的广告公司担任创意总监，在事业上取得了不小的成就。时间在忙碌的工作中悄然流逝。赵晴的朋友陆陆续续都已成家立业，而赵晴仍然形单影只。家人开始为赵晴的终身大事操心，不断地安排相亲。但是赵晴对感情一直秉持宁缺毋滥的态度，她虽然理解家人的关心，同时也承受着来自社会的压力，但她坚信婚姻是人生中非常重要的一环，不应该草率决定，而是必须要遇到对的人。

赵晴曾经被安排去见一位据说"条件非常优秀"的男士，但经过短暂的交谈后，她发现对方除经济条件不错之外，和自己并没有太多共同的兴趣爱好以及感兴趣的话题，价值观也不太契合。于是，赵晴礼貌地拒绝了进一步发展。

面对外界的压力，赵晴始终态度坚定。她认为，如果不能遇到那个真正让自己心动的人，宁愿选择独自精彩。她利用业余时间学习新的技能，参加各种自己感兴趣的活动，结交了不少志同道合的朋友。

几年后，赵晴不仅事业更上一层楼，而且生活也变得更加丰富多彩。她通过旅行、阅读、健身等方式不断提升自我，享受着自由自在的生活。赵晴用自己的实际行动证明：即使暂时没遇到合适的人，不结婚，也可以过得很充实、愉悦。

《中华人民共和国民法典》明确规定，我国公民享有婚姻自由。而婚姻自由不仅仅包括选择结婚的权利，也包括选择不结婚的权利。每个人都应该按照自己的意愿来规划自己的人生，而不是盲目从众或者听从他人的安排。同样，每个人也都必须为自己的选择负责。

"催婚"归根结底，是别人站在各自的角度给我们提出的建议而不是要求。中国有句俗语，叫"鞋子合不合适，只有脚知道"。

相关法律、法条

《中华人民共和国民法典》第一千零四十一条　婚姻家庭受国家保护。

实行婚姻自由、一夫一妻、男女平等的婚姻制度。

保护妇女、未成年人、老年人、残疾人的合法权益。

第一千零四十二条第一款　禁止包办、买卖婚姻和其他干涉婚姻自由的行为。禁止借婚姻索取财物。

要有制衡能力，不依附，不仰赖

　　作为女性，我们可能读过各种各样关于爱情的童话故事。但那些爱情故事常常戛然而止于公主和王子步入结婚礼堂的那一刻，似乎他们往后的人生就会"狠狠地"幸福下去。

　　事实上，在现实生活中，我们如果留心，就会看见两类情况：一类是年轻人花前月下，海誓山盟，女性在享受着爱情中的"高地位"，提出各种要求——"你如果爱我，就应该如何如何"；另一类是不少中年女性在控诉婆媳关系、生活压力以及丧偶式育儿。可是，每一个"怨妇"都曾经是沐浴在爱情中的少女啊。

　　抱歉，我无意戳破姐妹们对婚姻所持有的美好愿景。

　　不知你有没有听说过心理学中的"踢猫效应"？官方对其定义是：在组织或是家庭中位阶较高的人，可能会通过责罚位阶较低的人来转移其挫折或不满，而位阶较低的人也会以类似的方式将不满发泄给位阶更低的人，因此产生一系列连锁反应。用一个小故事来说明。

丈夫在公司因工作失误被上司责罚，回家后看什么都不顺眼。突然，他看到家里水槽里的碗没有洗，就劈头盖脸地把妻子骂了一顿。妻子感到很窝火，在辅导儿子作业时看见儿子写错了一道数学题，便控制不住打了儿子一巴掌。儿子出门散步时，看见路过的猫，气不打一处来，狠狠踢了猫一脚。这就是"踢猫效应"。

其实我们可以反思一下，当自己身体不适、没有休息好或在外受了委屈时，是不是很容易迁怒身边的人？而我们的迁怒对象往往是比我们弱小的，而绝对不会是我们的老板，对不对？这就是人性。我们永远也不要高估人性，包括我们自己的。经济困顿会影响一个人的心情和性格，并会严重侵蚀家庭关系，何况女性在有了孩子之后，会本能地见不得孩子受一点儿委屈，如果那时候出现经济困顿，心中可能会非常苦闷，并可能把苦闷发泄在丈夫身上，而此时如果丈夫的压力也很大……美丽的爱情泡沫破碎，生活一地鸡毛。

不要去挑战人性，不要以为自己是最特殊的那一个。谋生，为自己和后代创造更美好的生活是我们的责任。

如今女性在社会生活中的参与度越来越高，养家糊口的重担也不只是男性一人在扛。如果你选择将所有经济重担都压在另一半身上，在家庭中，当你衣食住行所需的费用都要向另一半伸手，那么你在其他方面的付出受到无视的可能性极大，你和另一半之间的关系很可能很快失去平衡——不管他曾经有多爱你。关系失衡就会导致地位失衡。失去平衡的婚姻就容易出现变数。

婚姻关系本质上也是一种社会关系，女性在婚姻中的权利和地位与自己的经济基础有极大关系。

就算退一万步，我们运气好，找到了理想的伴侣，有财富、有才华、有情有义，可是这个世界上有那么多无常，他遭遇意外怎么办？他突然丧失劳动能力怎么办？家庭突遭变故怎么办？我们随时都要准备应对风险。其实，我们比自己想象的要强大，我们有义务也有能力靠自己独立站在这片大地上。所以，我们要先谋生，再谋爱，要拥有自己挣面包的能力。

"我承认我人性中的卑劣，我知道我经受不住没有面包的爱情的考验，所以我竭尽全力地靠自己的努力得到很多面包。我向往爱情、赞美爱情，所以我维护爱情。我可以选择我想要的，无论他富甲一方还是一贫如洗，我都能与他肩并肩，站在他的身旁，泰然处之；同样，我也可以随时拂袖离开那些消耗我的人和事，我独立洒脱，百无禁忌。"与此时在读这本书的你分享我内心真实的想法。

相关法律、法条

　　《中华人民共和国民法典》第一千零五十七条　夫妻双方都有参加生产、工作、学习和社会活动的自由，一方不得对另一方加以限制或者干涉。

　　第一千零五十九条第一款　夫妻有互相扶养的义务。

站在高处，才会拥有更多选择

　　如果你接触过形形色色的人就会知道，人和人之间的差别非常大。如果你想选择优秀的伴侣，那么，你就要让自己先变得优秀，让自己身处优秀的圈子，从而接触优秀的人。

　　美嘉不是个漂亮姑娘，但是她学习非常好。美嘉在高中时有一个闺蜜叫舒悦，舒悦生得国色天香。两个人的思想在高中时就有分歧了，美嘉秉持着自己的目标：读书，考一个好大学，找一个好工作。舒悦则整天把"女人干得好不如嫁得好"挂在嘴上，一直注重打扮，想给自己物色一个出色的伴侣。当然她的资本是美貌，她从来没有缺过男孩子喜欢，所以她一直在挑挑拣拣。美嘉则过关斩将，高考、考研、读博，最后和自己的同门师兄喜结连理——她也没有很刻意地挑选伴侣，但一切好像都顺理成章。美嘉的生活平静，做科研，生子，丈夫创业，夫妻二人都事业有成。过年美嘉携全家回老家那座小县城，得知舒悦还在挑拣有可能成为自己伴侣的人，还和从前一样，将所有的心思都放在打扮上。如今身边这么多男性，舒悦唯一看上眼的，竟然是美嘉的丈夫。舒悦对父母大发牢骚，觉得非常不甘心——明明美嘉没有她漂亮，没有她会打扮，凭什么比她嫁得好？

事实上这是一件自然而然的事：我是律师，我身边的朋友就有很多律师；我是作家，我身边的朋友就多半是作家。但如果我是个农妇，那我身边的朋友自然是农妇居多；如果我是个餐厅服务员，那么我能结识的人较多的会是餐厅领班、老板，也就是说，我们接触的人受身处的圈子所限。

所以，如果你真的想要一个优秀的伴侣，那么请尽可能地让自己一步步向高处攀登，让自己变得优秀，才能拥有更多选择机会。我们选择优秀的伴侣，是为了生活更幸福。财力固然是保障幸福的一种方式，却也不是全部，对于婚姻对象，只看财力是不可取的，何况我国法律明确规定不能靠婚姻索取财物。双方价值观相近、兴趣爱好相同都是保障婚姻幸福的重要方面。

最好的婚姻是旗鼓相当、互相成就，而非一方对另一方无底线的扶助或索取。

相关法律、法条

　　《中华人民共和国民法典》第一千零四十一条　婚姻家庭受国家保护。

　　实行婚姻自由、一夫一妻、男女平等的婚姻制度。

　　保护妇女、未成年人、老年人、残疾人的合法权益。

　　第一千零四十二条第一款　禁止包办、买卖婚姻和其他干涉婚姻自由的行为。禁止借婚姻索取财务。

择偶需慎重：
我们是在为未来的孩子选择父亲

你的男友对你是真心的，但他有赌博的恶习，你会选择和他结婚吗？

我来讲一个我当事人的例子。

安意从北京某985大学毕业后，同自己的高中同学、发小小孙结婚了。小孙是一名快递员，经济条件较差。婚前安意发现小孙有网络赌博的行为，但涉及金额不大。小孙对此的解释是：自己参与网络赌博是为了赚钱给安意更好的生活。安意天真地认为小孙是为自己着想，帮小孙还了钱，只是叮嘱他不要再做类似的事，日子过得困难一点儿没关系。安意并没有多想，没有把小孙的赌博行为和人品、甚至更严重的问题联系起来，觉得小孙平时对自己还是很关心、体贴的，于是按计划和小孙结婚了。

可是女儿还没满月，安意就发现小孙在外欠了两百万元的赌债，这可不是个小数目。小孙痛哭流涕，跪求安意原谅。安意大哭一场，但仍决定给小孙一次机会，双方父母卖了房子帮小孙还清了赌债。

而就在半年前，安意又发现小孙借了二十万元的高利贷进行网络投注。安意一气之下带两岁的女儿回了娘家，并要求离婚，没想到小孙竟然带人闯进安意家，强行抢走了孩子。于是，安意找到了我，想要起诉离婚。

安意对我讲，小孙对她和孩子是真的好。但凡他口袋里有一分钱，都会给安意花。小孙包揽了所有家务，晚上她从睡梦中醒来，说声"口渴"，小孙就跳起来为她倒水喝。安意一直觉得小孙不过是一时头脑发昏走错了路。

直到之后的一天，小孙给安意发来一段视频，视频里，小孙疯狂扇他们两岁的女儿耳光，并威胁安意说，要是安意和他离婚，他就对孩子下狠手。安意当场报警。在警察面前，小孙又跪下来痛哭流涕，求安意再给他一次机会。结果，公安局查出，小孙不仅进行网络赌博，还涉嫌诈骗，于是小孙被刑拘了。

后来安、孙二人顺利离婚，安意像老了十岁。她绝望地对我讲，小孙打女儿后，女儿出现了应激性精神障碍。

通过安意的悲剧，我们能得出什么结论？

我们择偶时，对有重大瑕疵（恶习、性格极端等）的对象一定要谨慎谨慎再谨慎，最好加以排除。做了这么多年律师，我没有见过一个有严重不良习气的人能"痛改前非"。我们千万不要因为所谓的"有感情"或其他理由而心软，请及时"断舍离"。因为我们女性选择的不只是一个伴侣，更是未来孩子的父亲。你如果有了孩子，就会明白这种心态——我们作为妈妈，永远都想给孩子最好的，如果你的伴侣有重大劣迹，你也不想让孩子在压力之下或不健康的环境中长大吧？要知道，法律是最低限度的道德，我国的法律也规定了法官必须判处离婚的几种情况，其中之一就是伴侣有重大劣迹。重大劣迹在法律上的定义是：底线，不可触及的底线。

所以，我们在确定要不要和一个男人走进婚姻时，不妨问问自己：他能担负起做父亲的责任吗？他对孩子以后的人生有助益吗？他能在我生育时，给予我应有的呵护和保障吗？女性一定要理智一些，别被所谓的"爱情"和"关心"冲昏头脑，爱情的荷尔蒙终将褪去，而生活的柴米油盐却一直在继续。

有些女性朋友可能会说："可惜我年轻时不懂得这么多道理，因此，我择偶出现了重大失误，那么，我该怎么办呢？"

首先要明确一点，那就是：如果你的配偶有赌博、吸毒、家暴等严重问题，你有离婚的权利和自由，且法律对该类离婚持支持态度，如果调解无效，法院是应当判决离婚的。因为赌博、吸毒涉嫌违法犯罪，是具有社会危害性的行为，并不仅仅是你们二人的感情问题。

你要咨询专业律师了解你的法律权利以及能够采取的法律行动。律师可以为你提供关于离婚、财产分割、子女抚养权等方面的法律建议。同时，你还要收集可以证明你的丈夫赌博、吸毒或涉及其他犯罪的证据，比如：赌博记录、警方报告、银行流水、证人证词等，这对于走法律程序非常关键。如果你遭受到家庭暴力，那么你需要向警方报案，并考虑申请人身安全保护令；你还需要确保财务安全，你可能需要分割银行账户，保护你自己的个人资产不受赌博债务等的影响。对于赌博债务，如果涉及夫妻共同财产的不当使用，你可以尝试通过法律途径追回损失，但需注意区分个人债务与共同债务；如果有子女，你需要考虑子女的最佳利益，你可以向法院申请子女的抚养权和监护权。

记住，在上述过程中，保护自己的安全和合法权益是首要任务。如果你感觉无法独自应对，那么，寻求专业的帮助是明智的选择。

相关法律、法条

《中华人民共和国民法典》第一千零七十九条　夫妻一方要求离婚的，可以由有关组织进行调解或者直接向人民法院提起离婚诉讼。

人民法院审理离婚案件，应当进行调解；如果感情确已破裂，调解无效的，应当准予离婚。

有下列情形之一，调解无效的，应当准予离婚：

（一）重婚或者与他人同居；

（二）实施家庭暴力或者虐待、遗弃家庭成员；

（三）有赌博、吸毒等恶习屡教不改；

（四）因感情不和分居满二年；

（五）其他导致夫妻感情破裂的情形。

一方被宣告失踪，另一方提起离婚诉讼的，应当准予离婚。

经人民法院判决不准离婚后，双方又分居满一年，一方再次提起离婚诉讼的，应当准予离婚。

如何判断一个男人值不值得嫁

我的当事人小汪是985大学毕业的高才生，智商很高，反应很快，高考理综满分，工作五年在杭州有房有车。但她被网恋对象——一个已婚男人骗走了三十五万元。这让我瞠目结舌，甚至以为她遇到了什么高端"玩家"。事实上，对方只是个普普通通的、出来"找刺激"的男人。小汪却剃头挑子一头热，脑补"我们在谈恋爱，我们是一家人了"，扮演"娇妻"角色，最终发现，自己被骗了。

我恨铁不成钢地批评她："以你的智商，不应该啊！"

小汪哭哭啼啼地说自己以前没有谈过恋爱，也没有人教过她应该怎么辨别男人。

我不知该说些什么好了。我们小时候，所有人都叫我们好好读书，告诉我们不可以早恋，但我们大学一毕业，身边的人就催我们结婚生子，好像只要我们想，大批"人类高质量男性"就会从天而降。

……

大家非常关注我们考试的分数，却很少有人教过我们该如何择偶。对于选择终身伴侣这样重大的事，任凭我们误打误撞。

那么，什么样的男人值得我们嫁呢？

首先，他应该是一个好人。

我们在择偶的时候，最重要的是要关注这个人的品质：他对自己的父母怎么样？对弱者的态度怎么样？面对社会上的不公是什么样的态度？对待女性是什么样的态度……

姐妹们，我们一定要知道，激情终会消减，而与我们相守一生的人，应该是一个原本就很好的人，而不是因为那短暂的激情而对我们好的人。要知道，这世上很难存在一个对父母、亲人、朋友都冷漠，却唯独对你不计代价热情付出的人。一个人骨子里的秉性是很难改变的。

其次，看对方的原生家庭。

俗话说："龙生龙，凤生凤，老鼠的儿子会打洞。"话虽通俗，但如果我们细心观察一个人就会发现，随着年龄的增长，他往往会和他的父亲或母亲越来越像。

我的朋友晨与丈夫浩然相识于大学时代，浩然不仅外貌英俊，而且性格温和，对待晨总是细心周到。两人经历了甜蜜的恋爱后步入了婚姻的殿堂。

然而，随着时间的推移，晨渐渐发现了一些令人不安的事实。

浩然的父亲，也就是晨的公公，是个典型的大男子主义者。他在家里总是发号施令，无论对妻子还是对儿子，都是一种居高临下、颐指气使的态度，甚至稍有不满就怒气冲冲。起初，晨很庆幸浩然的性格不像他的父亲，毕竟浩然对她非常尊重和体贴。然而，慢慢地，晨发现浩然的表现出现了一些变化。

浩然开始变得越来越固执，在一些家庭事务上不愿意听取晨的意见。有时，浩然甚至会因为一些小事而大发雷霆，行为模式与他父亲惊人地相似。晨试图与浩然沟通，希望浩然能够做出改变，但是浩然却说："作为男人，我这样是再正常不过的了！没什么可改变的！"

晨逐渐意识到，浩然的行为模式实际上是受到了上一代的影响。她开始反思：浩然"传承"了他父亲的行为模式，这到底是家庭教育的缺失，还是社会文化的潜移默化？

为了改善这种令人难受的状况，晨决定采取行动。她先是尝试与浩然进行坦诚的对话，让浩然意识到目前存在的问题，告诉浩然自己不舒服的感受，并和浩然讨论如何改变这些不良的行为模式。之后，晨鼓励浩然参加一些心理辅导课程，帮助他更好地认识自己，并学会处理情绪。

经过不懈的努力，浩然的行为模式有所变化，晨和浩然的关系逐渐得到改善。浩然开始更加平和地表达自己的感受，并学会了控制情绪，不再轻易地发脾气。

晨和浩然的故事告诉我们，上一代的行为模式确实会对下一代产生深远的影响。

所以说，我们在结婚之前，一定要多接触男方的父母和家庭，了解他的成长过程。俗话说："知人论世。"就是我们了解一个人时还要了解他所处的环境、时代背景。所有人性格的形成都是有迹可循的，了解他的成长背景，便可以分析出他对待事物的态度和某些行为方式的根源，以决定自己以后是否继续与他相处，或该怎样与他相处。

再次，看消费观是否契合。

我的朋友丁丁喜欢旅游，家庭条件也不错，所以从小只要有时间就去旅行，这是她的生活方式。当时还是她男朋友的李某常对她说："你知道这世上还有多少人吃不起饭、用不起电吗？你居然还总是想去旅游。"后来他们结婚了，婆婆要求丁丁要用手洗衣服，理由是用洗衣机洗浪费水电，丁丁从小就没手洗过衣服，她不愿意。婆婆说她矫情，丈夫李某觉得自己妈是对的。很快，丁丁就离婚了。消费观不一致的两个人，真的很难在一起生活。

从次，看对方情绪是否稳定。

有的男人情绪过于大起大落，爱你的时候恨不得把你捧在手心里，吵架的时候大喊大叫、用拳头砸玻璃、自抽耳光，甚至用自残的方式来逼你就范。听我一句劝，这种男人要尽量远离。

一般来说，在情绪激动的时候伤害自己的人，通常也会漠视别人的疼痛，包括你的，这种情况极有可能在婚后发展成家暴。家暴不仅是《中华人民共和国民法典》禁止的行为，更有可能触犯刑法。退一万步来讲，就算他对你百般呵护，但这并不能避免他在情绪激动之下和别人发生争执，如果出事，闹出人身安全或财产纠纷，也许会让你们的家庭陷入困境。所以一定要慎重。

最后，尽可能不远嫁。

远嫁的问题比我们想象的多。现在交通发达，这让我们觉得即使身在他乡，也随时可以回家看望自己的父母。但远嫁的生活并没有那么简单。第一，你要工作，回家看望父母就得有假期；第二，你离开生活了很久的家乡，来到一个举目无亲的地方，无形之中是有压力的，一旦夫妻吵架，你出门后都不知道要往哪里走。我因为工作的原因，这些年东奔西走习惯了，所以常忘记自己是远嫁他乡的，但有时候和丈夫发生争执时，那种铺天盖地的无力感真的会将人逼疯。

我说的以上几点只是一个大致的考察标准，也只是我的一家之言。其实每个人的生活和性格都不一样。俗话说："鞋子合不合适，只有脚知道。"可是，在嫁人这件人生大事上，我们还是要做好全面的思考和准备，以免生活陷入困境时措手不及。

相关法律、法条

《中华人民共和国民法典》第一千零四十三条　家庭应当树立优良家风，弘扬家庭美德，重视家庭文明建设。

夫妻应当互相忠实，互相尊重，互相关爱；家庭成员应当敬老爱幼，互相帮助，维护平等、和睦、文明的婚姻家庭关系。

应该怎样看待男友不愿给我花钱这件事？

谈钱伤感情啊，但我们必须谈一谈。

有些男性说女性拜金，把女性索要"秋天的第一杯奶茶""十根烤肠"等也上纲上线为拜金。

其实，绝大部分女性谈不上拜金，她们想要的不过是一种"仪式感"和"小惊喜"，一种被关心、被惦记、被宠爱的感觉而已。

我国法律本着人人平等的原则，对男女恋爱时的开销并没有明确的法律规定，由当事人双方协商解决。但按照我国的风俗习惯，很多男性和自己的女朋友外出吃饭或看电影、旅行时，大多会主动埋单，也经常赠送女友一些礼物或者向女友发起一定金额的转账表达自己的爱意，这些都属于恋爱期间男方向女方的赠与。

关于"男友不给我花钱"，我们要具体问题具体分析，看看是哪一种情况。

第一种是这个男人真的抠搜，或是斤斤计较、处处设防。他可能愿意把钱花在自己或者家人、朋友身上，他甚至可以给自己的狗买昂贵的衣服，却不愿把钱花在你身上，那么，他可能只是防着你。或是你稍一提及"520""1314"之类的话题，他就把一顶"拜金女"的大帽子扣在你头上，生怕被你占了便宜。面对这种情况，你就要慎重考虑了。

第二种是这个男人有自己的计划，他只是对女性向往的那种"仪式感"不敏感、不喜欢，也觉得没有意思。他平时不会像你期待的那样，时时刻刻给你营造小惊喜，但在你生病时，他会毫不犹豫地拿出积蓄；你真正需要钱财解燃眉之急时，他二话不说；在你们结婚需要婚房、婚车时，他完全将你当作自家人。如果男友是这种情况，那么他只是对钱财有自己的规划而已，并不是吝啬。而且男性确实很容易忽略我们的小需求。如果这让你不开心，你可以同他谈谈，表示"仪式感"和被宠爱的感觉对你很重要，你需要他重视你的想法。

第三种是这个男人的消费习惯与你完全不同，你喜欢的东西在他看来没有意义。这种情况你要慎重考虑。婚姻如果破裂，常常并不是因为突然遇到了一件什么天崩地裂的事，而是被生活琐事一点点蚕食掉的。一个从小被呵护着长大的小公主是没法理解穷苦出身的男性对金钱斤斤计较的感觉的。

比如我的一个当事人，她从小就生活条件优渥，人生一帆风顺。她赚的钱也不少，按照她的消费观，她可能将一个月的工资在一天之内花完，可能一时兴起就花好几万块钱买一个包，只为了当时那份畅快。但她男友是从农村考出来的高才生，人非常优秀，但确实无法接受我这个当事人的消费方式，在他眼中，一万块钱等于他父母半年的收入，但一万块钱的包，他女朋友都看不上眼。那在我这位当事人眼中，当然是：男友太抠搜，他根本就不给我花钱！

但事实上这名男士并不抠搜，也并不是不爱她，只是从小的生活环境决定了他无法接受女友的消费观。这件事说不上谁对谁错，只是两个人的观念不同。而关于这样的不同，姐妹们也还是要慎重考虑。如果你确定自己生来就是要过精致的、无须节制消费欲的生活，那你和这类男士确实是不适合在一起的。在这种情况下，就请放过别人吧！别委屈自己，也别强求别人。

相关法律、法条

《中华人民共和国民法典》第六百五十七条　赠与合同是赠与人将自己的财产无偿给予受赠人，受赠人表示接受赠与的合同。

男友要花我的钱，怎么办？

在我们的社会观念中，恋爱中的一些开销似乎一直都是男性承担的。但在当今社会，女性承担恋爱中绝大部分开销的情况也屡见不鲜，用句通俗的话来讲，就是：恋爱中，男友要花我的钱。

出现"男友要花我的钱"这种情况，姐妹们要尤其注意。如果只是平时送些小礼物、请吃饭之类，这属于礼尚往来，根本达不到"花我钱"的标准。这里说的"花我钱"，是以"投资""救急""创业"或者其他借口为名，十万元、百万元地要。说难听点儿，这根本不能算是恋爱开销，而很有可能是诈骗行为，数额巨大，便有可能触犯刑法。

彬家境优越，交往了一个男友旭。旭发现彬出手大方，于是总是"富婆富婆"地叫彬。彬所从事的行业一度赶上了时代的风口，挣了不少钱。旭以各种理由前前后后向彬借了约五十万元。某天，彬无意中在旭的手机里发现他和别的女孩暧昧的信息，他也向其他女孩借钱，并且还借到了不少。

这件事听起来离谱，但它是真实发生的，这件事对彬的打击很大。这样的恋爱，谈着有什么意义呢？

无独有偶。跟我关系很密切的一位女性朋友也面临着这种情况。那个男人比我朋友大八岁，还二婚，他以得了抑郁症为名，待在家里，不出去工作赚钱，靠网贷度日。我那位朋友同他恋爱时才二十二岁，这是她的初恋。她不是很能赚钱的那种女性，是纯粹的工薪阶层。她最初的想法是，男友遇到了困境，自己要帮助他渡过难关，毕竟伴侣就是要同甘共苦。整整四年，我朋友一直帮男友还房贷，将自己的工资全部搭进去，剩的钱不够日常生活，就到处去借，把身边人都借遍了，她自己连一件新裙子都没买过。她想要一个Kindle，都只考虑买一个二手的，最后，我将自己闲置的Kindle送给了她。四年里，她为男友花了三十万元，某天，她发现男友又网贷十万元后彻底崩溃，终于分手。她曾经天真地以为男友会改变，但事实上没有。这四年青春，也就浪费了。

在我看来，一名男性在并未遭灾遭难的情况下向自己的女朋友索要巨额钱财，那么他是不适合交往的。

以上两个事例中的女性结束和男友的关系时，会面临一个尴尬的问题，那就是：如何追回曾经为对方花费的钱财（毕竟这些钱不是小数目），如果对方有靠情侣关系骗取钱财的嫌疑，可能还涉及诈骗。这个问题伴随着情感上的纠葛，有时可能在法律认定上存在一些模糊性。

追索自己的钱财时，一定要注意保留证据。这些证据包括转账记录、收据或发票等，同时，聊天记录也非常重要，特别是涉及金钱往来的。如果聊天记录中有明确的借款承诺或还款计划，就非常有利于追回钱财。

如果双方协商无法解决问题、达到目的，就需要考虑寻求法律手段了。向专业的律师咨询或自行提起诉讼，都不失为好办法。虽然随着我国法律制度的发展和完善，普通诉讼早已变得简单，但是进入诉讼程序总要耗费一定的心力。如果我们因为一次冲动的恋爱将自己陷入这样尴尬而烦恼的局面，确实不明智。所以，必须警惕一些不法分子利用情侣关系来实施诈骗。

姐妹们，挑选对象一定要三思啊！

相关法律、法条

　　《中华人民共和国刑法》第二百六十六条　诈骗公私财物，数额较大的，处三年以下有期徒刑、拘役或者管制，并处或者单处罚金；数额巨大或者有其他严重情节的，处三年以上十年以下有期徒刑，并处罚金；数额特别巨大或者有其他特别严重情节的，处十年以上有期徒刑或者无期徒刑，并处罚金或者没收财产。本法另有规定的，依照规定。

前男友威胁要公开我的"私密照"怎么办？

世上人渣千千万，一旦遇上了一定要积极应对。

> 我的一名当事人要和她男友分手，因为他出轨了。这其实是女性对这种事的正常反应。但她男友不同意，下跪求饶并找人牵线搭桥来挽回，还寻死觅活地威胁我当事人如果分手他就跳楼。强逼无果后，他拿出我当事人的私密照进行威胁，说要让全网的人都看到。于是，我的当事人慌了，找到了我。

如果有姐妹超级倒霉遇到了这种情况，可千万不要被拿捏。

因为公开、传播"私密照"的行为，涉嫌侵犯个人隐私，可能违法犯罪。

我做了这么多年律师，可以很负责任地告诉大家：咬人的狗啊，它不叫——很多口头上威胁别人的人，往往内心非常脆弱，而且，违法行为不是每个人都有胆子实施的。对方说要公开传播你的私密照，一般他还真未必有那个胆子。

还有的男的会说，要将这些照片发给你的父母。这话就有些搞笑了，大家都已经是成年人了。你要让他想想，你的父母是会责怪你，还是会想办法收拾他这么一个无赖？

所以遇到这种情况，我们一定不要怕！我们要冷静下来，先看看他的目的究竟是什么。

如果他拿你的私密照威胁你，要求你与他发生性关系，那这行为可就严重了，这涉嫌强奸犯罪。你如果答应了，那是他强奸既遂；你如果没答应，就是强奸未遂。是否控告他的主动权掌握在你的手中。

如果他拿你的私密照威胁你，要求你付钱给他，比如他说："你以前花了我的钱，分手又伤害了我的感情，你现在必须给我经济补偿，不然我就把你的私密照曝光。"那这是典型的敲诈勒索，我们可以选择控告他敲诈勒索。

如果他拿你的私密照在自己的朋友圈中传播，甚至将你的私密照转卖给他人，那么他的这种行为就侵犯了你的个人隐私，同时也涉嫌传播淫秽物品，可能涉嫌违反《中华人民共和国治安管理处罚法》或《中华人民共和国刑法》，他需要负法律责任。

我们可以根据他的目的，采取相应措施进行反制。而至于我们的那点儿"面子"，在法庭之外，我们一概不认，就说是"被AI换脸了"。

我们有时候可能将一些事情想得很大、很难，但当真的采取行动去处理时，会发现事情可能并不像我们想的那样。另外，互联网和人们的记忆都是很短的，这个世界生活和工作节奏这么快，大家都忙着自己的事情，哪儿有那么多精力总是关注无关的他人？一件事的风头一过，生活该怎样还是怎样。我们是受害者，受害者并不可耻，可耻的是加害者，他们应该为自己的行为付出代价，就这么简单。

但还是衷心希望各位姐妹不要陷入这样的麻烦中，不要允许自己的伴侣拍下这样的照片，因为就算我们可以起诉，让对方付出代价，但起诉也是件劳心劳力的事。我们没必要用这样的事去赌一个男性是否有良心。也希望众多男士能够自律。

相关法律、法条

《中华人民共和国刑法》第三百六十四条第一款　传播淫秽的书刊、影片、音像、图片或者其他淫秽物品，情节严重的，处二年以下有期徒刑、拘役或者管制。

《中华人民共和国治安管理处罚法》第四十二条　有下列

行为之一的，处五日以下拘留或者五百元以下罚款；情节较重的，处五日以上十日以下拘留，可以并处五百元以下罚款：

（一）写恐吓信或者以其他方法威胁他人人身安全的；

（二）公然侮辱他人或者捏造事实诽谤他人的；

（三）捏造事实诬告陷害他人，企图使他人受到刑事追究或者受到治安管理处罚的；

（四）对证人及其近亲属进行威胁、侮辱、殴打或者打击报复的；

（五）多次发送淫秽、侮辱、恐吓或者其他信息，干扰他人正常生活的；

（六）偷窥、偷拍、窃听、散布他人隐私的。

男友逃避结婚，我该及时止损吗？

有些男性对于婚姻的态度和看法，有时候真的很让人无奈：或是总像个没长大的孩子；或是常常搞不清楚自己对伴侣是哪一种喜欢，是喜欢和她谈恋爱，喜欢和她吃喝玩乐，还是想要与她白首与共，结为一生的伴侣。他们往往在失去之后才后悔莫及。有的男士，他可能很爱你，和你谈了很久的恋爱，你们相处倒也和谐，可他就是不愿意和你结婚。不愿意结婚的理由有千千万万种，"现在条件不好，等条件好了再结婚"就是其中之一。对此，我的建议只有一个：及时止损。

我们不要去探讨一个人内心的真实想法，也不要去问"他到底爱不爱我"这样的问题，或许他有苦衷，或许他只是找个借口，都无所谓，深究也是没有意义的。我们能做的就是及时止损。爱你的人会留住你；不爱你的，就是缘分尽了。

梦琪和晓东的爱情长跑了十几年。从大学校园里的青涩初恋到步入社会后的相互扶持，两人经历了风风雨雨。梦琪一直以为，晓东就是她生命中那个对的人，她愿意与他共度一生。

随着时间的推移，梦琪的朋友们都先后步入了婚姻的殿堂。与晓东同居几年，自认为双方已经磨合得很好的梦琪也开始憧憬与晓东组建自己的小家庭。然而，每当她提起结婚这个话题时，晓东总是以各种理由回避，要么就是时机还不成熟，要么就是工作太忙没时间考虑这件事情。

起初，梦琪还能理解晓东的想法，毕竟两个人的工作都很忙。但渐渐地，她开始感到不安。她多次尝试与晓东沟通这件事，但每次都被晓东巧妙地转移了话题。

直到有一天，梦琪无意间从晓东的一个朋友口中得知了一个惊人的秘密：晓东在老家有一个未曾离婚的妻子以及一个孩子！晓东的实际年龄比身份证上的年龄大五岁，他高考落榜三次，在老家结婚后才考上大学的。这一切都让梦琪感到震惊和难以置信。

梦琪的内心如同翻江倒海一般，她不敢相信自己深爱了这么多年的男人竟然有如此重大的隐情。她质问晓东，晓东这才承认了一切。晓东表示自己之所以没有告诉梦琪实情，是因为害怕失去她。

梦琪感到非常悲痛，因为自己被骗了十几年。她开始反思这段感情，才意识到：一个人之所以不愿意结婚，一定是有原因的！而自己当初实在太糊涂了，一直在傻傻地幻想、一厢情愿地等待。

对于梦琪来说，这段经历虽然痛苦，但也终于让她明白了一个真谛：真正的爱情应该建立在诚实和信任的基础上。

经历了这个沉重的打击，梦琪做出了艰难的决定：马上结束这段关系，立刻开始自己的新生活。她知道，前方的路不会太容易走，但至少她选择了真实和自由。从那以后，梦琪学会了更加珍视自己，勇敢地追寻属于自己的幸福。

我们得承认，女性的生育能力和年龄是相关的。如果我们没有做好一个人生活的准备，内心还是想要拥有一个家庭，那么我们确实得把握时间，选择适合自己的伴侣。如果你的伴侣和你谈了很多年恋爱，但就是不提结婚，或者在你提的时候总是推说有很多困难，那么，只有一个原因——他不想娶你，或者他另有隐情。

但我们自己必须对自己负责，我们得知道自己想要什么。我们在婚恋中的筹码比男性少很多——男性可以晚婚，但若性别对换，情况就完全不一样了，女性是需要考虑生育问题的（而且，我国法律规定男性的法定结婚年龄也高于女性）。如果将长时间谈恋爱比作男女双方的一场对赌，女性和男性一开始就不是公平的，因为女性的筹码太少。男友对结婚之事含糊其辞会影响我们的心态，我们可能会陷于"想及时止损"和"再等等，我还爱他"的摇摆状态，长时间的心理内耗会一点点地磨光爱情，就算最后勉强走到一起，也往往感觉物是人非。总之，如果男友逃避结婚，我们一定要弄清原因，下定决心，及时止损。姐妹们，爱情可以培养，也可以转移，还可以停止。

相关法律、法条

《中华人民共和国民法典》第一千零四十二条第二款　禁止重婚。禁止有配偶者与他人同居。

爱到天雷勾地火，
也别忘了保护自己的
合法财产

恋爱期间的开销和礼物，
分手了能要回去吗？

明玉和男友林衡是一对少年恋人，二人相知相惜，一起从西北老家考到南方的同一所大学。后来林衡毕业后进入外企，为了挣钱更多而常驻国外。为了弥补明玉，他常常给她买各种各样的礼物，从包包、香水到金银首饰。但明玉常常觉得很难过，因为男友没有时间陪自己，而林衡也常常埋怨明玉不理解自己。就这样，一对璧人越走越远。明玉因此提出分手，这让林衡伤心欲绝，他没有想到明玉竟会如此绝情。事实上，多年的收入，林衡大多花在了明玉身上，他非常不甘心，于是提出：分手可以，但自己送给明玉的礼物大多价值不菲，她应该返还给他。而且，这些年两个人一起吃饭、看电影、旅行、付房租什么的，全都是林衡出钱，他要求明玉将这些支出的一半金额返还给他。明玉感到很委屈，因为这些礼物和开销都是林衡自己主动支付的，并不是她要求的。

那么，像明玉这种情况，恋爱分手后，对方曾经赠送的礼物和金钱等，我们是否应当返还呢？

我们都知道，在男女恋爱的过程中，用赠送礼物的方式来表达自己的感情，是非常常见的行为。礼物可能是鲜花，也可能是化妆品、衣服、包包、首饰等。分手时应不应当返还，应该分情况考虑。

第一，以结婚为目的的恋爱期间收到的钱财或礼物，在分手时应予以返还。譬如订婚彩礼或钻戒、三金，这些明显属于法律上附条件（结婚）的赠与，如果二人最后没有办理结婚登记，受赠方是需要返还的。

第二，不以结婚为目的，平日为表达心意所赠送的礼物不需要返还。譬如男方平日送给女方的口红、小首饰等，在法律上被视为无条件的赠与，是不需要返还的。众所周知，情侣恋爱时如胶似漆，恨不得将对方揣在怀里，情到深处，感觉自己的命都可以给对方，何况是礼物。当时两人肯定没有想过有一天会分手，但若分手，这类物品是不需要返还的。

第三，要结合所送礼物的价值、送礼物者的经济状况、当地风俗对该礼物的认知等情况予以综合分析。举个例子：男友送你一个普通小包，分手时不需要返还；但若这是价值二十万元的爱马仕的包，那可能就需要返还。如果男友是身价几十亿的大老板，买个爱马仕的包和我们花两百块钱一样，那可能就不需要返还。另外，还要看我们收到的礼物的性质，如果在当地风俗中，这礼物是被认定为彩礼的，那可能就需要返还。

我国的法律明确规定：如果双方没有结婚，收到的彩礼须返还给对方。那么到底什么是彩礼呢？法律并没有明确规定。凡法律没明确规定的，法官拥有自由裁量权。每个地方的风俗不一样，彩礼也不一样。法官一般会根据案件的具体事实、当地的经济发展水平、男方的收入等进行综合判断。

相关法律、法条

《最高人民法院关于适用〈中华人民共和国民法典〉婚姻家庭编的解释（一）》第五条 当事人请求返还按照习俗给付的彩礼的，如果查明属于以下情形，人民法院应当予以支持：

（一）双方未办理结婚登记手续；

（二）双方办理结婚登记手续但确未共同生活；

（三）婚前给付并导致给付人生活困难。

适用前款第二项、第三项的规定，应当以双方离婚为条件。

同居流产，
我可以要求对方承担我的医疗费用吗？

小雨爱上了自己的男上司哲，视他为终生依靠，二人很快就同居了。小雨怀孕了，哲以自己要忙事业，没有做好结婚准备为由，要求小雨打掉孩子。小雨太爱哲了，对他言听计从，两年流产了三次，还落下了腰疼的毛病。这事意外被同事知道后很快传开，渐渐地，公司的风言风语越来越多，没想到有一天爆出惊天大雷：哲在农村老家有妻子，还有个六岁的孩子！而这时，小雨又怀孕了！小雨又不得不做流产手术！

小雨一怒之下将哲告上法庭，最后法院的判决是：小雨怀孕一事，双方均有过错，但哲隐瞒已婚事实与小雨同居属于违法行为，且应当承担小雨的部分流产手术费用，同时支付小雨一些精神损害抚慰金（金额寥寥无几）。

　　同居期间男女双方自愿发生性关系是你情我愿的事情，女方怀孕也是可能出现的情况之一，男方的行为不能被认定为侵犯女方的合法权益。但鉴于本案例中事实上对女方造成了身体和财产上的伤害，所以法官本着公平、人道的原则，同时在保护女性权益的基础上，判决男方承担女方的部分流产费用。这里我们要注意：这只是法官酌情处理，最终小雨获得的赔偿也不过几千块钱。但这能抹平我们在这过程中所受到的精神伤害吗？我们的身体可能会留下很多后遗症，很可能因此而损伤生育功能，可能很难再怀上孩子。以后的人生要怎样度过？那几千块钱真的是我们想要的吗？

　　所以姐妹们，同居一定要慎重，而且一定要好好保护自己的身体。长时间同居是对自己不负责任的表现，同时也是对下一代不负责任。婚姻不只是法律保障，也是对家庭的责任，我们不能让爱情等得太久，如果没有责任的维系，同居生活中的柴米油盐会很快磨灭爱情。姐妹们，不管我们对未来有多确定，不管他现在有多爱你，都要为自己留一条后路。即便在同居期间，也要审视这段关系，一定要果断做出决定：是走入婚姻殿堂，还是就此分道扬镳。

相关法律、法条

　　《中华人民共和国民法典》第一千零四十二条第二款　禁止重婚。禁止有配偶者与他人同居。

在什么情况下彩礼需要返还？

王蒙和未婚妻宋佳本来决定"十一"结婚，结果谈崩了，因为宋佳要买两万块钱的窗帘。两个人一个指责对方抠搜，另一个指责对方乱花钱，从简单的意见不合到翻旧账，到"你比不上我的前女友／前男友"，再到有了惊人发现：两个人都在恋爱期间同各自的前任有染。这婚当然没法结了。王蒙在婚前给了宋佳二十八万元彩礼，还买了一些黄金首饰，之前已经给宋佳家送过去了。王蒙提出宋佳必须返还彩礼和黄金首饰。

什么情况下必须返还彩礼？

我国法律规定了三种情况：第一种是二人根本就没有办理结婚手续；第二种是双方虽然办理了结婚手续，但是没有共同生活；第三种是男方付出彩礼后生活陷入困境。

这些很好理解。没有办理结婚证，那自然要返还彩礼；办理结婚证但没有共同生活也就是夫妻关系有名无实，同样需要返还彩礼。第三种情况在现实生活中较少见，它指的是：男方因为给女方彩礼，靠自己的收入实在没有办法维持当地最基本的生活水平，但女方要离婚，这种情况女方就需要退还彩礼。

还有一种情况比较特殊，就是二人虽然没有办理结婚手续，但女方前往男方家生活了一段时间，甚至还生下了孩子，之后双方解除了同居关系，那女方要不要退还彩礼？（我国在1994年之前存在"事实婚姻"，也就是说双方办了酒席，让亲戚、朋友或父老乡亲们都做了见证，即便没有领取结婚证，那也是夫妻。1994年之后，我国就不承认事实婚姻了，但不排除有些偏远地区，仍然在延续这种风俗。）

对于这种情况其实是有争议的，一种观点认为没有办理结婚手续就不视为结婚，应当返还彩礼。另一种观点认为当事人可以请求返还彩礼，但具体返还数额应该酌情确定，因为现实情况是二人虽然没有领结婚证，但一起生活且有了孩子，事实上也和结婚差不多。而且夫妻双方因为共同生活的时间比较长，彩礼可能已经全部或部分花掉了，所以彩礼要不要退还，退还多少等需要根据具体情况由法官自由裁量，以免有失公正。

还有另外一种情况就是男女双方虽然已经登记结婚，但在一起生活的时间过短，比如短短十天就要离婚，那女方应不应该返还彩礼呢？这种情况依然要看法官的自由裁量，可能还是需要返还很大一部分的。

所以在本节的案例中，宋佳是要将自己收到的彩礼和黄金首饰返还给王蒙的，因为二人根本就没有结婚。

相关法律、法条

《最高人民法院关于适用〈中华人民共和国民法典〉婚姻家庭编的解释（一）》第五条　当事人请求返还按照习俗给付的彩礼的，如果查明属于以下情形，人民法院应当予以支持：

（一）双方未办理结婚登记手续；

（二）双方办理结婚登记手续但确未共同生活；

（三）婚前给付并导致给付人生活困难。

适用前款第二项、第三项的规定，应当以双方离婚为条件。

警惕 "彩礼陷阱"

我们在本节聊聊 "彩礼陷阱" 这个话题。

我们都知道，彩礼是男方按照我国习俗，以结婚为目的赠与女方的财产。这些财产在法律上属于女方的婚前财产，离婚时不能作为夫妻双方的共同财产来分割。

但在现实生活中，有许多 "彩礼陷阱" —— 很多 "彩礼" 名为 "彩礼"，但因为给付方式的原因，实际上是和夫妻共同财产混同的，根本不具有 "女方的婚前财产" 这一属性，也不能算作 "彩礼"。

那么，以什么样的给付方式给 "彩礼"，会和夫妻共同财产混同呢？

一、彩礼婚后给付

双方领完结婚证后，女方才拿到彩礼。这种情况很好理解：婚后拿到的彩礼，被视为男方父母对男女双方小家庭的赠与，完全不具备彩礼性质。

二、现金彩礼无法证明所有权

以现金的方式给付，就很难确定是否属于彩礼。因为我们很难证明哪一笔现金是彩礼。而且很多家庭不会将彩礼分得太清楚，怕影响夫妻感情。

三、金银首饰等彩礼

男方送给女方金银首饰，女方一般也不会打收据。而且金银首饰由谁保管也是个问题，万一被男方或其父母保管，二人婚姻出现问题时，男方要求退还彩礼，女方则会说彩礼在对方手里，如果没法提供证据，就会非常被动。

四、彩礼被用于购房

结婚前，男方向女方账户转了一笔钱，如果没有注明其用途，这笔钱就很难被认定为彩礼，或许会被认定为女方向男方的借款或夫妻共同财产等。女方如将这笔钱用于购房，而房价大涨，离婚时男方往往主张房子是夫妻共同财产，要求分割房产。如果女方没法证明用于购房的那笔钱是彩礼，就有可能导致彩礼被作为夫妻共同财产而进行分割。

除了以上四点，生活中往往还有一种情况，那就是：高额的彩礼男方付不出来，于是就向亲戚朋友举债付彩礼。一旦双方离婚，亲戚朋友追债时，这笔"彩礼"很有可能就会被认定为夫妻共同债务。这就是网上常说的那句——好家伙，我自己借钱娶了自己。

　　所以姐妹们，我们在结婚时，一定要注意彩礼的给付方式，不要明明没有收到彩礼，最后离婚的时候自己还要遭受损失。

相关法律、法条

　　《中华人民共和国民法典》第一千零六十三条　下列财产为夫妻一方的个人财产：

　　（一）一方的婚前财产；

　　（二）一方因受到人身损害获得的赔偿或者补偿；

　　（三）遗嘱或者赠与合同中确定只归一方的财产；

　　（四）一方专用的生活用品；

　　（五）其他应当归一方的财产。

我们需要和对方签订婚前（财产）协议吗？

　　提起婚前协议，可能许多人会认为这是一件"伤感情"的事。毕竟结为夫妻，就意味着财产共享，债务分偿，同甘共苦，而谈到"分钱"，总觉得感情就"变味"了。但说句实话，感情这东西根本说不准，谈过恋爱的姐妹们都知道，"上头"时，我们恨不得把心掏出来送给对方，但一旦双方的感情出现裂痕，我们对对方的评价就很可能变成"他也就那样""我当时瞎了眼"……肯定还有姐妹闹离婚闹得很难看，到最后和伴侣反目成仇，这也不在少数。谁说最后反目的，都没有轰轰烈烈地爱过呢？极少有人是以离婚为目的去结婚的，而是在婚姻之路上走着走着，忽然就走散了。

　　这时候，婚前财产协议就显得尤为重要。离婚，就要把钱的事说清楚，不能人财两空。更重要的是，婚前财产有可能不是自己挣到的，而是父母一辈子的积蓄。我们可以为了自己心爱的人付出，但不能让辛劳了一辈子的父母为我们破裂的婚姻买单。也有姐妹可能会说："我什么都没有，一穷二白，为什么要签婚前协议啊？"
那我就得说，正因为一穷二白，所以才要签婚前协议。因为婚前协
议的内容很广泛，它不止包含对婚前财产的约定，也可以涉及婚后
财产以及抚养子女责任的分配等。白纸黑字，大家还是在最开始就
将事情说清楚得好。

结过婚、养育过孩子的姐妹应该都深有体会，我们女人在生
育、养育孩子方面会付出巨大的成本，而这成本是男性所不能理
解的。

晴是一名网络作家，她怀孕生子的时候，正赶上了网
文（网络文学）迅速发展时期。她当时写的网文是有点儿名
气的，但因为频繁的孕吐，导致她只能断更。丈夫对这件事
的评价是："我看见我们单位的女人怀孕时都是挺着孕肚来
上班，没见过像你这么矫情的啊。人家还风里来雨里去地正
常上下班呢，哪儿像你这么舒服地在家里养胎。"等她将孩
子生下来抚育到一岁时，网文的红利期已经过了。她之前挣
过一笔钱，但红利期一过，挣钱的难度成倍上升，而且她
还要抚育幼儿，难处可想而知。丈夫对这个情况只有一句
话："你得认清自己。你现在连自己都养不活，只是在家里
带孩子，哪儿有那么多苦和累的。我们单位的那些女人都得
每天上班呢。"而事实上，晴当年写网文挣钱的时候，纳的

税都比她老公的工资高。但现实就是这样：她因为生育耽误了事业，照料孩子的责任也全部落在了她的身上，可她要花一点儿钱都要被丈夫絮絮叨叨，说她不知节省，不知挣钱的艰难。

有时候，我们女性面临的环境确实艰难，虽然有挣钱养家的能力，但是家里的事情，包括对子女的抚育，整个社会还是默认由女性承担的。如果双方从一开始就没有说清楚，很多事情最后莫名其妙地就全部落到我们头上了，我们如果出了一点儿纰漏，男方还会指责我们，我们反驳两句，男方可能还会说："你是妈妈，你自己的孩子都不想带吗？"一句话就将我们堵死了，总之，我们常常是吃力不讨好的。

所以，最好在步入婚姻前将所有的话说清楚，白纸黑字写下来，别觉得有什么不好意思的，况且我国法律也承认夫妻双方婚前签订的协议。

我的建议是，将婚前协议分为三部分：第一部分是婚前财产协议；第二部分是婚后财产收益分配；第三部分是子女抚养责任分配。

一、签订婚前财产协议

一般来说，普通人的婚前财产包括房产、车辆、存款、股票、基金等。我们在和伴侣签订婚前财产协议时可以将自己婚前拥有的财产做成表格一一列明，并且写清楚这些财产以后增值、涨价，或者是变卖后得到的现金该怎样分配。有自己企业的人要注意，在签订婚前财产协议时，自己公司的股票增值、分红等现金归属等都应该详细列明。

如果婚前有房产或车，那么以后该房产或车卖掉后换得的现金的归属也应该明确约定。如果婚前的房产只付了首付款，那么在婚姻存续期内偿还贷款的这部分钱以及房产可能产生的增值的归属都应该在协议中说清楚。否则，按照法律规定，婚后偿还的贷款和增值部分都属于夫妻共同财产。

如果还有商铺或闲置房产，婚后出租产生的租金的归属也应该提前约定，否则会被认定为夫妻共同财产。

二、约定婚后财产收益分配

我国民法遵循"意思自治"原则，也就是说：在不违反法律的硬性规定和公序良俗的情况下，在民法覆盖范围内的事，都可以自由约定。所以对于婚后的工资、奖金、知识产权或其他劳动收入的分配，都可以进行约定，比如约定其中的百分之多少属于自己。如果没有约定，在离婚时法院可能会将其认定为夫妻共同财产，然后对半分配。

另外，在婚后，父母赠与我们的财产或者父母去世后留下的遗产，如果不进行明确约定，就会被认定为夫妻共同财产。

这里还要注意一点，那就是：财产包括正资产和负资产，负资产就是负债。我们也可以在婚前或婚后的财产协议中对负债进行约定。而且，最好以表格的方式对于婚前所欠的债务的情况予以注明，也可以写清楚对方如果故意隐瞒，应当承担什么样的责任。

三、约定双方对子女抚养的责任分配

众所周知，孩子如同一只吞金兽，照料子女是要花钱的。而且女方生产和抚育子女，很有可能导致收入直线下跌，甚至可能全职在家抚育孩子。在这种情况下，一定要对抚育子女的责任进行明确的分配。写明在抚育子女的过程中，哪些劳动需要由男方承担，哪些劳动需要由女方承担，在男方无法承担的情况下需要付出什么样的补偿金，这些最好都一一列明。甚至可以细化到过了哺乳期后，双方在孩子身上的花费应该如何分摊。但需要注意一点，那就是婚前协议只能写明子女的抚养费用问题，但不能约定子女的抚养权归谁。

一部分人可能会认为，家是讲感情的地方，不是讲金钱的地方，如果算得这么明白，日子该怎么过呢？但事实上，在生活中，很容易见到一种情况：男女双方感情破裂，女方在家抚养孩子没有收入，男方拒绝支付家用，这使得女方和孩子的生活难以为继。在婚前签订明确的财产协议，这一方面是为了保护女性的合法权益，另一方面是因为婚姻原本就是一种经济制度，法律保护的是财产而不是感情。在现实生活中，也有很多夫妻在经济方面进行AA制，他们的生活依然非常幸福美好。相反，有时候女性对婚姻患得患失，对丈夫疑神疑鬼，其实这都源于女性没有将自己的财产牢牢掌握住——甚至根本没有独立的财产。有一句话是：一切恐惧都源于火力不足。如果我们能够牢牢地掌握住自己的财产，确定离开男性自己也可以生活得很好，那么我们在婚姻中反而能游刃有余地处理两性关系，让生活变得更加和谐和稳定。

相关法律、法条

《中华人民共和国民法典》第一千零六十五条　男女双方可以约定婚姻关系存续期间所得的财产以及婚前财产归各自所有、共同所有或者部分各自所有、部分共同所有。约定应当采用书面形式。没有约定或者约定不明确的，适用本法第一千零六十二条、第一千零六十三条的规定。

夫妻对婚姻关系存续期间所得的财产以及婚前财产的约定，对双方具有法律约束力。

夫妻对婚姻关系存续期间所得的财产约定归各自所有，夫或者妻一方对外所负的债务，相对人知道该约定的，以夫或者妻一方的个人财产清偿。

父母为子女购买婚房，需要注意什么问题？

对现代婚姻来说，房子是个大问题。但现在房子的价格很高，如果在一线城市购买一套住房，需要上百万甚至上千万元。按照中国绝大部分年轻人的收入水平，很难在结婚的时候自己拿出这样一笔巨款，所以常常需要父母资助。而对中国普通的老年人来说，这样的一笔巨款往往是他们的全部积蓄。

如果父母为我们购买住房，最好尽可能在婚前全款购买，作为婚前财产赠与我们。如果房子由父母为我们付首付款，那么要在婚前财产协议中和对方约定好房产的归属：或是婚后的房贷由自己一力承担，其增值部分与对方无关；或是由对方承担一部分房贷，但对方仅对其承担的那部分房贷及其增值部分享有所有权。

　　小王和小张的婚房有点儿贵，每平方米三万三千元。一套普通住宅下来，得三百三十多万元，首付也得一百多万元。小王家经济条件较好，首付父母出了七十万元，剩下的三十多万元用小王和小张的存款支付。二人结婚一年后，感情破裂需要分割房产，争执不下诉至法院。关于小王父母出的这七十万元，到底是属于对小家庭的馈赠还是给小王的借款呢？这两种不同方式的认定会导致完全不同的结果。如果认定为对小家庭的馈赠，那就属于夫妻共同财产，离婚的时候是要被小张分割掉一半的；如果是给小王的借款，那么就属于夫妻共同债务，小张要负责偿还。

　　而法律如何认定，在司法实践中也经历了一个漫长的改变过程。最开始的时候，法官倾向于认定为父母对子女的馈赠，因为按照中国人的传统，给儿女购买婚房是一件自然而然的事。按照我国法律规定，房屋属于不动产，在我国，不动产的转让是登记才生效的。如果婚房登记在夫妻二人的名下，那就是夫妻的共同财产。但中国以前的房价并不高，而现在的房价动辄几百万元，绝不是小数目。所以在司法实践中，法官倾向于要被资助的一方证明父母出资是赠与，而不是借贷。如果没办法证明，那就会认定为借款。毕竟，像上文小王那样，其父母出资七十万元为小两口购买房产，而小张结婚一年就要分走一半，也就是三十五万元，太不合理了吧？

　　所以说，如果父母出资为我们购买婚房，那么最好在婚前财产协议中将父母的出资金额和性质都列明，以免日后发生纠纷时纠缠不清。

相关法律、法条

　　《中华人民共和国民法典》第二百零九条　不动产物权的设立、变更、转让和消灭，经依法登记，发生效力；未经登记，不发生效力，但是法律另有规定的除外。

出资买房，在房产证上加名字非常重要

小白和丈夫婚后共同出资购买了一套房子，这是他们唯一的房产。当时因为丈夫有在那座城市的购房资格，所以房产证上就只写了丈夫一个人的名字。当时小白想的是：结婚后大家都是一家人，这房子也是在婚后买的，肯定属于夫妻共同财产，房产证上加不加自己的名字都无所谓。五年后，丈夫出轨，夫妻感情破裂，小白直接起诉离婚。分割财产时，却发现丈夫已经私自把这套房子做了抵押，套现了三百多万元，且已经全花在情人身上了。

你可能会说，房子是夫妻的共同财产，没有经过小白的同意，抵押应该是不会有效的。道理是这样的，但是，债权人怎么知道这些情况呢？房产证上只有小白丈夫一个人的名字，小白的丈夫再编一套这是他婚前财产的说辞，债权人也是有理由相信的啊。前文

也有提到：我国不动产物权的变更，都是以登记为依据的。虽然房子是婚后购买的，用的是夫妻共同财产，但债权人是不知情的。我国法律同时也保护善意的第三人以维持交易的稳定，夫妻内部的家事是不能够对抗善意第三人的。也就是说，这抵押有效。而他们夫妻内部的事，让他们夫妻自己解决，小白向丈夫追偿也好，放弃也罢，这都和债权人没有关系。

所以姐妹们，如果我们在购房时确实出了钱，那么就一定要在房产证上登记自己的名字，以免日后出现不利于自己的情况。

相关法律、法条

《最高人民法院关于适用〈中华人民共和国民法典〉婚姻家庭编的解释（一）》第二十八条　一方未经另一方同意出售夫妻共同所有的房屋，第三人善意购买、支付合理对价并已办理不动产登记，另一方主张追回该房屋的，人民法院不予支持。

夫妻一方擅自处分共同所有的房屋造成另一方损失，离婚时另一方请求赔偿损失的，人民法院应予支持。

女孩，请谨慎对待婚姻和生育

同居多年，发现对方已婚怎么办？

　　小黄在社交网络上遇到一位男性，双方聊了一段时间后很快坠入爱河，后来又去线下见面，彼此都很满意，就确定了恋爱关系。但是有一天，这位男性陪小黄一起逛商场买鞋子，突然闯过来一名中年女性，揪着小黄的头发一阵殴打，口里还骂着"狐狸精""小三"之类的话。小黄的心情可想而知，不仅挨了一顿打，还感到恶心。

　　如何应对这种情况？

　　当然是及时止损了。难道还要听这名男性的辩解，再听他说些甜言蜜语，说些"其实我最爱的人是你"，然后和你回想过往的"甜蜜"生活，最后说一句"我们是真爱"，你仍继续不清不楚地和这位男性在一起？这可能是这位男性想要的，但这是我们想要的和应做的选择吗？

有时候我觉得女性应该高傲一些，为自己设置一些底线，比如，如果我们的伴侣或交往的对象有某些让我们无法忍受的行为，那么就应该采取行动或分手。时间长了，就会形成一种条件反射，让我们本能地对品质不好的男性予以排斥。比如，这种隐瞒自己的婚姻状况与我们"谈恋爱"的男性，我们难道不觉得恶心吗？这关系到最基本的人品问题。千万不要相信男方说的他和老婆没感情，他爱的是你这类话；不要等待他离婚。我们要高傲一些——做出这种事的男性，从一开始就不具备与我们交往的资格。

那面对男性的欺骗，应如何处理呢？我们必须尽快收集、保留能够证明自己是受害者的证据，比如让对方写"道歉信""保证书"之类，还可以和这名男性对质，让他亲口承认自己的欺骗行为，同时，留下录音或录像。到时候即便到了法庭，我们也能有理可辩——要知道，有家庭者与他人以夫妻名义同居，有可能涉及重婚罪。

那么如何辨别对方已婚？很简单——要求对方打一份征信报告，征信报告上会显示对方的婚姻状况。或者相处一段时间后，提出要去见对方的亲人，如果他拒绝或支支吾吾，那么你就要提高警惕了。

相关法律、法条

　　《中华人民共和国刑法》第二百五十八条　有配偶而重婚的，或者明知他人有配偶而与之结婚的，处二年以下有期徒刑或者拘役。

　　《中华人民共和国民法典》第一千零四十二条第二款　禁止重婚。禁止有配偶者与他人同居。

　　《最高人民法院关于适用〈中华人民共和国民法典〉婚姻家庭编的解释（一）》第二条　民法典第一千零四十二条、第一千零七十九条、第一千零九十一条规定的"与他人同居"的情形，是指有配偶者与婚外异性，不以夫妻名义，持续、稳定地共同居住。

不要未婚先孕

现在，未婚先孕比较常见，但这是一种对女性伤害很大的行为。

> 前段时间有过这样的一个新闻：女方未婚先孕，男方家里之前答应给女方的彩礼一降再降，摆明了"你已经是我们家的人了，我们就靠这个孩子来拿捏你"这一态度。后来女方一气之下打掉了孩子，男方父母号啕大哭。

在传统观念中，未婚先孕是一件很丢脸的事，一般出现这种情况时，女方家长会想着尽快将女儿嫁出去，哪怕彩礼少一点儿，甚至不要彩礼都会同意双方赶快结婚。在电视剧《知否，知否，应是绿肥红瘦》中的盛墨兰就是这么个情况，她怀孕了，家里人不得不同意她出嫁，正所谓：生米煮成了熟饭。

现在，人们的观念有了一些变化，但在实际生活中，"奉子成婚"也可能会给婚后生活带来很大隐患。结过婚且有孩子的姐妹都知道，孩子会给我们的生活带来天翻地覆的变化，也有可能对夫妻关系产生影响。在育儿的过程中，女性承受的压力、男性的不理解、养育孩子理念的分歧……无不在考验我们的婚姻和感情。未婚先孕，其实对很多情侣来说意味着还没有做好结婚和养育孩子的准备。仓促之下步入婚姻会引发各种生活矛盾。即便是做好了各方面准备的婚姻，如果没有好好维护都会一地鸡毛，更何况毫无准备的婚姻呢？

那么，如果一不小心未婚先孕了怎么办？这时，我们要慎重地分析，如果各方面条件都比较成熟，双方情绪稳定，且之前已经在准备步入婚姻的殿堂，甚至都已经订婚了，那么不妨加快步入婚姻的进程，喜上加喜；但如果从目前的客观情况来看，比如双方还在上大学或工作都还没有稳定，二人的感情遇到了很大的挫折，或正在静待分手……那么我个人认为这个孩子是不适合生下来的。我这么说可能过于残忍，但是，让孩子生下来面对不具备相应条件的父母和家庭、面对为了争自己的抚养权而产生争执的父母……这无疑也是一种残忍。

可能有人会问："未经男方同意，女方打掉孩子违法吗？"不违法。我国法律规定：生育权是公民最基本的权利。没有人能强迫另一个人生育或不生育。怀孕后，生不生下这个孩子完全取决于女性，男方不能强迫女性流产，也不能强迫女性生产。

相关法律、法条

　　《中华人民共和国人口与计划生育法》第十七条　公民有生育的权利，也有依法实行计划生育的义务，夫妻双方在实行计划生育中负有共同的责任。

不要因为怀孕了，就轻率地决定和一个人结婚

王柳在和男朋友谈恋爱时就发现男朋友有家暴倾向。一次，自己和男领导单独吃饭，交流的都是工作上的事，但她男朋友看见了，上来就打了王柳两个耳光，直接将王柳打蒙了。他后来虽然疯狂道歉，也诚心悔过，并保证今后要克制自己的脾气，甚至订下了"克制计划"，但那两个耳光却给王柳的内心深处留下了难以磨灭的伤害，这让她感到恐惧。王柳想要和男友分手，却发现自己怀孕了。因为这件事，王柳对分手这件事有些犹豫了，而且她想到男友的经济条件较好，除了那一次控制不住的动手，平时对自己也体贴，也没有其他太大的毛病，于是王柳在内心妥协了，很快就和男友结了婚。

没想到结婚五个月时，丈夫又一次控制不住动了手，打伤了王柳，并导致她引产，失去了肚子中七个月的胎儿。这

让王柳痛不欲生，也下定决心要离婚。离婚后的王柳说，她感觉爱情在对方第一次动手的那一瞬间就已经死去了，如果她那时候狠心一点儿，及时止损就好了，也不会再受如此大的二次伤害，身心俱伤。

这是一件令人遗憾的事，但身边不乏这样的事。姐妹们，结婚意味着我们决定和怎样的男人共度一生。如果我们选择的男人有性格缺陷，或其他方面与我们实在不合适，那么生活会是一种漫长的折磨。不要因为肚子里有了孩子就妥协，就嫁给一个自己不是很满意的男人。世界上有很多事情可以妥协，但婚姻不可以。孩子是孩子，婚姻是婚姻。即便双方是在婚内有的孩子，离婚的情况也比比皆是。如果我们选择生下孩子，那么就要承担一定的法律义务。如果我们确定眼前的伴侣与自己的确不合适，就一定不要因为"有孩子"而妥协。因为有孩子并不能让我们和伴侣变得合适，并且还可能让孩子出生在一个不和谐的环境中，可能影响孩子的心理健康，甚至影响孩子的一生，这样一来，我们最初的压抑和妥协又有什么意义呢？

相关法律、法条

《中华人民共和国民法典》第一千零六十八条　父母有教

育、保护未成年子女的权利和义务。未成年子女造成他人损害的，父母应当依法承担民事责任。

《中华人民共和国反家庭暴力法》第三条　家庭成员之间应当互相帮助，互相关爱，和睦相处，履行家庭义务。

反家庭暴力是国家、社会和每个家庭的共同责任。

国家禁止任何形式的家庭暴力。

不想结婚，但想生下孩子怎么办？

我的朋友吴卓容貌姣好，自己开了一家电子商务公司，有房有车，收入稳定。可是每段恋爱她都谈不了多久，而且分手的时候闹得很难堪。这些年过去，她已经对男人失去了信任。最近谈的男朋友是一个比她小十一岁的小帅哥，但两人如胶似漆了没多久，她就发现这小帅哥同时在和别的女孩子搞暧昧，吴卓再次感到痛苦，但这时她发现自己怀孕了。她将这个消息告诉小帅哥，小帅哥连夜打包行李，人间蒸发了，还带走了她一块价值十二万元的手表。吴卓显得很平静，因为她在感情方面已经崩溃很多次了。但这回她又有些不一样，她已经三十六岁了，逐渐体会到了人生的孤独，所以，她想要生下这个孩子。

那么，吴卓可以将孩子生下来吗？男方会不会与她争夺孩子的抚养权？

吴卓的经济状况很好，抚养孩子没有经济方面的压力，而且前面也说过，生育权是公民的基本权利，女方有决定生育和不生育的权利，不受任何人干涉。只要她愿意，就可以生下孩子。

我国法律规定婚生子女和非婚生子女具有同等权利，同时国务院也颁布了一系列政策，便利非婚生子女上户口。所以吴卓不需要领结婚证就可以给孩子上户口。现如今，国家鼓励生育，非婚生子女上学不会受到影响。另外，现在大城市对非婚生子女的包容度也很高。

至于那位小帅哥会不会来抢夺孩子的抚养权，那基本不需要担心，毕竟从现在的情况来看，那位小帅哥完全没有抚养孩子的意思。况且，两岁以内的宝宝，法官大多会把抚养权判给妈妈。退一步说，即便女方的经济条件不如男方，只要女方可以给孩子提供健康的生长环境，保证最基本的生活水平，那么法官一般也会将孩子判给女方。所以，如果我们一不小心未婚先孕了，但不想走入婚姻或无法步入婚姻，而自己特别想要这个孩子，且自己的经济状况又不错，那么完全可以将孩子生下来。

相关法律、法条

《中华人民共和国民法典》第一千零七十一条第一款　非婚生子女享有与婚生子女同等的权利，任何组织或者个人不得加以危害和歧视。

《国务院办公厅关于解决无户口人员登记户口问题的意见》（国办发〔2015〕96号）第二条第（一）款　不符合计划生育政策的无户口人员。政策外生育、非婚生育的无户口人员，本人或者其监护人可以凭《出生医学证明》和父母一方的居民户口簿、结婚证或者非婚生育说明，按照随父随母落户自愿的政策，申请办理常住户口登记。申请随父落户的非婚生育无户口人员，需一并提供具有资质的鉴定机构出具的亲子鉴定证明。

《中华人民共和国妇女权益保障法》第三十二条　妇女依法享生育子女的权利，也有不生育子女的自由。

结婚后发现对方隐瞒了重大疾病，如何处理？

在司法实践中，有些一方婚前隐瞒自己的疾病，婚后被另一方发现而提出离婚的例子。被隐瞒的疾病包括性功能障碍、精神类疾病、性病以及其他传染病等。

我亲戚家的女儿就遭遇了这样的情况。她和男方是相亲认识的，男方各方面条件都很好，于是二人携手走入了婚姻殿堂。因为生活在农村，所以也没有婚检的观念。但是她在产检时，被医生告知，因为她有乙肝，生下来的孩子可能也会有乙肝。这对她打击很大，她以为自己是在农村吃酒席时感染的，每天担心把乙肝传染给老公。可是在一次意外的情况下，她得知是老公一直有乙肝，但他以前一直像个没事人一样和女孩子相亲，直到找到了自己这个"大冤种"。为此，她以泪洗面，虽然乙肝算不得什么大病，但是她老公明知自己有乙肝却没有在婚前坦诚地说出来，让她觉得愤怒。可是毕竟两人有了孩子，而且农村对离婚的包容性较小，最后，这件事就不了了之了。但是担心把乙肝传染给孩子，这依然是她的心结。

其实在司法实践中，性病、传染病都比较好甄别，但精神类疾病和遗传类疾病却是非常隐蔽的。如果一个精神病人在婚后发病，作为伴侣，我们是有帮扶义务的。《中华人民共和国民法典》规定了不能辨认自己行为的成年人是无民事行为能力人，无民事行为能力人实施的民事法律行为（包括签订合同、结婚等）是无效的。但是精神病的种类有很多，不一定都不能辨认自己的行为，大部分人只有在发病时才能算是无行为能力人，所以他们的婚姻在多数情况下是有效的。而我们履行帮扶义务，意味着一生都要照顾对方，这对我们的生活来说，是多么大的影响。如果我们的伴侣从前并没有疾病，而是结婚后才生了病，那么作为一个善良的人，是应该不离不弃。可是，如果对方明知自己有病还选择隐瞒相关病情与我们结婚，就可能会给我们的精神甚至身体造成极大伤害。

《中华人民共和国民法典》规定，对方婚前故意隐瞒重大疾病，我们可以从发现对方有病之日起，一年内向法院申请撤销这段婚姻。一定要注意这个时间点——一年内。不要拖着，过了这个时效就没有机会撤销了。同时在向法院请求撤销婚姻时，还可以要求对方赔偿。婚姻被撤销后，在法律上就相当于从来没有结过婚。

所以一旦发现对方隐瞒了病情，且我们无法容忍其欺骗行为，就一定要早做准备，收集相关证据、材料，如及时保留对方的微信聊天记录和病例，以及一些能够证明对方在婚前就知道自己有疾病的录音、录像。申请撤销婚姻不要心软，一旦心软就有可能会搭上自己的一辈子。

相关法律、法条

《中华人民共和国民法典》第二十一条第一款　不能辨认自己行为的成年人为无民事行为能力人，由其法定代理人代理实施民事法律行为。

第一百四十四条　无民事行为能力人实施的民事法律行为无效。

第一千零五十三条　一方患有重大疾病的，应当在结婚登记前如实告知另一方；不如实告知的，另一方可以向人民法院请求撤销婚姻。

请求撤销婚姻的，应当自知道或者应当知道撤销事由之日起一年内提出。

步入婚姻，也别放弃事业

经济独立，真的非常、非常、非常重要

在现代社会，经济独立的重要性无须多说。即便是在古代，有些地方也有"十里红妆"的婚俗。什么是十里红妆呢？就是女方的父母在女儿出嫁时，几乎把女儿一辈子要吃的、要用的都备齐了，以显示女儿嫁妆丰厚，让女儿日后在婆家生活有底气。

现在，不仅是全职太太，包括之前网络热议的"全职儿子""全职女儿"都惨遭诟病，大家认为，一个有工作能力的人不参与社会生产是不合适的。我国法律也明确了：男女平等。这里的平等，不止指权利，还有义务。

在本章，我想从另一个角度来说说女性经济独立的重要性。医学研究表明，一个人的全身细胞约每七年更迭一次，也就是说每隔七年，组成我们身体的细胞都会焕然一新。那么这就产生了一个哲学问题：细胞重构后的我们，还是原来的我们吗？同理，我们的思维也是在不断更新的，我们在年轻时奉为真理的，可能在中年后就认为是谬误了。每个人的思维其实是被他读过的书、走过的路、接触过的思想、遇到过的人等所影响、塑造的。

如果你放弃工作，做一名全职太太，守在家庭这方小天地中，且不增长见识或技能，而你的丈夫一直在外面接触各种各样的人，并通过工作不断地完善自己、重塑自己，那么你和你丈夫在思维方式等方面的差距可能会越来越大。人的想法会变，且人有了财富和地位以后确实有膨胀的可能性……希望姐妹们都能尽快经济独立，尽可能拥有自己的收入，这样一来，对生活、对人生一定会有不同的认知。我曾月入两千元，也曾月入十万元，我在这两种情况下的心态是完全不一样的。而你的丈夫也是普通人，如果他做出了一番事业，那么他的心态一般也会发生变化——这是人性，换作你也一样。而且作为一名男性，有时对潜在的诱惑很难抗拒。所以，夫妻之间在经济方面的相互制衡非常重要，不要寄希望于你的伴侣是特殊的一个。他不是，我也不是，各位姐妹也未必是。

再者还有一个重要的方面，就是人类的悲欢并不相通——生活在不同环境中的两个人事实上是很难互相理解的。男性无法理解女性在做家务劳动和带孩子方面的苦衷，女性也很难理解男性在工作方面的苦衷。

小刘是一名程序员，经常需要加班到深夜，而他的妻子王丽自从生了女儿小莉后，便辞去了工作，全身心投入家庭。一天晚上，小刘像往常一样加班至深夜回家，他看到王丽坐在客厅的沙发上，眼圈泛红，显得非常疲惫，女儿则在一旁的小床上熟睡，房间内散落着玩具和尚未整理的衣物。

小刘有些不悦，问王丽："今天怎么没收拾家？家里太乱了。"王丽叹了口气，开始讲述她这一天的经历。

早晨5点，女儿就醒了，王丽立即起床，为她换尿布、喂奶，然后陪她玩耍，直到女儿再次入睡。

上午，王丽抓紧时间清洗奶瓶和昨天替换下来的衣物，同时还要准备午餐，期间女儿几次哭闹，王丽不断安抚女儿。

吃过午餐后，王丽好不容易把女儿哄睡，正打算稍微休息一下，女儿却又突然惊醒，哭个不停。王丽这才发现女儿发烧，温度很高，她这才明白上午女儿几次哭闹可能是因为身体不舒服。于是，她赶紧带女儿去医院，排队、挂号、检查、拿药。怕影响小刘工作，她没告诉小刘女儿发烧了。整个下午，王丽一个人咬着牙扛过去了。

回到家，已经接近傍晚。王丽按照医生的指示，给女儿喂药、量体温，观察女儿的状态，女儿的情况逐渐稳定下来，王丽却累得几乎虚脱，晚餐只简单对付了一口。

小刘听后，内心感到非常愧疚。第二天，他特地请了一天假，从清晨的忙碌开始，体验王丽的日常，尝试独自照顾女儿。他很快发现，即便是最简单的冲奶粉、喂奶、做辅食、喂饭、换尿布，也耗去了不少时间、精力和耐心，更别提还要喂药、随时应对女儿因身体不适而突如其来的哭闹等。仅仅半天，小刘已经感到身心俱疲，深切体会到了王丽每日的辛苦与不易。

这次亲身体验，让小刘彻底改变了以前时不时出现的抱怨、不满的心态等，他开始非常尊重王丽的付出，并主动提出调整自己的工作安排，以便能更多地参与到家庭生活中，和王丽共同承担抚育女儿的重任。

只有像小刘这样亲身体验过后，才能深刻理解女性在育儿过程中的艰辛和牺牲。现实中，并不是所有的男性都能理解另一半对家庭的付出，尤其是全职太太对家庭的付出。

所以姐妹们，经济独立很重要，它不只关系到我们的抗风险能力，还在潜移默化地改造夫妻双方的思维，它比我们想象的重要得多。

选择不工作、居家的姐妹一定要认清自己，要努力维系自己的婚姻，并要了解另一半的财产情况，一旦婚姻生变，也要尽力维护自己的合法权益。

相关法律、法条

《中华人民共和国民法典》第一千零五十五条　夫妻在婚姻家庭中地位平等。

《中华人民共和国就业促进法》第二十七条　国家保障妇女享有与男子平等的劳动权利。

用人单位招用人员，除国家规定的不适合妇女的工种或者岗位外，不得以性别为由拒绝录用妇女或者提高对妇女的录用标准。

用人单位录用女职工，不得在劳动合同中规定限制女职工结婚、生育的内容。

出去工作，没有人帮我带小孩，怎么办？

女性如何平衡工作和孩子，这是长久以来的话题。这个问题非常普遍，普遍到我都不用举例子，因为我也一直面对这样的问题。生育让我本处于上升期的事业遭受断崖式滑坡，直到今天都没有完全恢复，这是不可逆转的、没有办法的事。对于这种情况，我们只能想办法解决。

社会上常见的方法是将孩子交给自己的公婆或父母带，在我看来，这是最稳妥的方法之一——公婆和父母非常不靠谱的除外。也许有的姐妹说可以请保姆。请保姆确实是一种解决方式，但选择一个好保姆也是个重大难题。一来我们都知道，带孩子是件非常烦琐、非常考验耐心的事，我们作为深爱孩子的父母，都忍不住对孩子发火，何况是保姆。二来我们都在外面工作，自己对老板的态度是怎么样的？是不是常常会有"要不是为了这俩臭钱，老子就把工作拍老板脸上"这种想法？将心比心，保姆的想法可能也一样。三来保姆的水平参差不齐，现如今保姆大多是年纪较大的妇女，年轻有学识的女性不会选择保姆这一职业（即便有这样的保姆，我们可能也不太放心，特别是在对方还有点儿姿色的情况下），所以在受教育方面的水平也不相同。我们的公婆、父母可能带孩子的能力不像我们设想的那样，但至少他们是疼爱孩子的、出发点是好的——非常不靠谱的除外。实在没有办法的情况下，我们再考虑用保姆。前段时间我这里发生了一个案子——因为雇主的孩子太顽皮，保姆为了轻松赚钱，每天给孩子喂安眠药。得知这个情况后，孩子妈妈当场落泪，因为保姆的这一恶行对孩子的伤害是不可逆的。

在现代社会，男女平等已成为全球性的共识。女性不仅拥有外出工作的自由，更享有与男性同等的学习和发展机会。女性可以自由选择职业道路。女性以智慧、勇气和创造力，逐步打破传统性别角色的束缚，展现出无限的可能性。同时，社会在不断进步，社会制度和法律正竭尽全力消除性别偏见，为女性提供更加公平的就业环境，以使女性能在自己热爱的领域发光发热，实现自我价值。男女平等的观念与做法，促进了社会发展，让世界变得更加和谐。

从法律的角度来看，保障男女平等，确保女性拥有外出工作和学习的自由，是现代法治社会的基本要求。各国法律都明确指出男女享有平等的权利，包括但不限于受教育权、就业权和参与公共事务的权利等。

《中华人民共和国妇女权益保障法》明确规定，国家保障妇女享有与男子平等的劳动权利和社会保障权利，包括平等的就业机会、同工同酬、职业培训等。

此外，为了消除职场和校园中的性别歧视，法律还设置了相应的监督机制和救济途径，比如设立专门机构处理性别歧视投诉，提供法律援助，确保女性在遭遇不公平待遇时能够得到及时有效的帮助。这些法律规定和措施共同构建了一个支持女性外出工作、学习的法律框架，为实现真正的性别平等提供了坚实的法律基础。

综上所述，外出工作是我们女性的权利，我们有权利追求事业上的成就，而非困于家庭。

所以，如果我们生育前的工作是稳定的，或者事业正处在上升期、工资较高，而我们又很喜欢或珍视这份工作，那么这份工作是不适合辞去的，即便我们挣的钱全部花在了公婆、父母或保姆身上，也不算浪费。伴侣也不能强迫我们不工作只在家育儿，这是不合法的。但社会上有很多工作不稳定——一些小企业一到年底就裁员，能在这样的公司任职超过两年的都算是"元老"了。如果是这种工作，且家庭经济条件又允许，那我们可以短暂地辞职，在家照顾孩子，但一定不要忘记提升自己。读书、考证，或复盘之前的工作，确定下一步的路要往哪里走，并积极寻找下一份工作。孩子在一两岁时，一天中有相当一部分时间是处在睡眠中的，我们可以尽量利用这段时间来提高自己。

一些姐妹可能要说我"站着说话不腰疼"，不知道带小孩有多辛苦。不，我知道。我的女儿是我亲手带大的，纯母乳喂养，一个人带大。我知道年幼孩子的妈妈有多辛苦，能睡一个好觉有时都是奢望。但我依然利用一些碎片时间写作，包括写这本书。很多事都很辛苦，但是你必须去做。姐妹们可能会说："那人生太辛苦了吧！"是的，人生常常这么辛苦，所以我们必须提高效率，让自己成为时间管理大师，利用好能够利用的时间。

此外，还有非常重要的一点，那就是我们一定不要陷入任何不必要的情绪内耗，特别是老公在家却不帮我们带小孩时，我们一定不要发火，不要去想："我怎么嫁了这样一个男人？""他除了赚钱什么都不会！"……不要这样想。人和人的悲欢并不相通，育儿的压力男性无法理解，这样想，只会让自己陷入不必要的争端，加重我们的情绪内耗，而情绪内耗是一件费时、费力、痛苦的事。不要去指责男人，而是可以直接下指令，告诉他：我现在很累，我需要一些自己的时间，希望你来给孩子换尿不湿、冲奶粉、带孩子出去玩……指令一定要明确，因为男性和女性真的不一样，男性的大脑更加近似于"机器型大脑"，你得明确告诉他需要他做什么，他才能接收到。你要做的，就是想办法让自己舒适一点儿。

姐妹们，育儿和工作的矛盾的确是女性困境，但这个世界上存在着各种各样的困境，男性也有自己的困境。世界上的人和人就是不同，所以我们面对育儿、工作及其他困难时，不要去思考"为什么会这样"，而要尽可能去思考"我要怎么做""怎样通过一些办法将事情处理好"等。

《中华人民共和国民法典》第一千零五十七条　夫妻双方都有参加生产、工作、学习和社会活动的自由，一方不得对另一方加以限制或者干涉。

《中华人民共和国妇女权益保护法》第二条　男女平等是国家的基本国策。妇女在政治的、经济的、文化的、社会的和家庭的生活等各方面享有同男子平等的权利。

国家采取必要措施，促进男女平等，消除对妇女一切形式的歧视，禁止排斥、限制妇女依法享有和行使各项权益。

国家保护妇女依法享有的特殊权益。

第四十一条　国家保障妇女享有与男子平等的劳动权利和社会保障权利。

第四十五条　实行男女同工同酬。妇女在享受福利待遇方面享有与男子平等的权利。

婆婆总是向着老公，怎么办？

婆媳关系向来很难处理。很多当事人向我诉苦，说她和老公发生争执时婆婆总是向着老公，即便有些事明显是老公的错，婆婆也会让她包容，说每个人都有自己的性格。她觉得自己特别憋屈。

其实当我们做了妈妈后，往往就能理解为什么婆婆向着儿子了。我有时候出差，一天想我女儿好多次。虽然公婆都在家里照顾女儿，但是我总是不放心，总是觉得我女儿受苦了。然后又觉得自己的想法很"罪恶"：爷爷奶奶照顾孩子还会不尽心吗？那时候我就在想，天呐，分开一天我就这么想念孩子，这以后要是孩子长大了远走高飞，那我不得崩溃了？

其实，我们感受一下自己在儿女身上操的那份心，就能理解婆婆为什么总向着她儿子了。儿子是她从襁褓中的婴儿养到如今人高马大的宝贝啊，而且，人的情感确实是有亲疏远近之分的。我因工作关系，有时候会看到那些恶性案件罪犯的老母亲，跪下来磕头求法官饶她儿子一命的场景，真是可怜。她不知道她儿子罪大恶极、死一万次都不为过吗？她知道，可她还是老泪纵横，因为那是她儿子。日常生活中，我们换位思考一下，就能理解婆婆的心情和心态了。

而在这种情况下，作为儿媳妇的我们怎么保护自己的权益呢？

首先，要摆正心态，你不应该期待婆婆抛弃自己的儿子而向着你，这是违背人性的。不要强行"掰正"婆婆的思维，只需在必要时，会用法律的武器保护好自己的利益即可。

其次，你必须在家里捍卫自己的地位。怎么捍卫？你经济独立，就拥有话语权。

我的当事人小宋和她老公两个人都没有收入。小宋是一直全职在家，老公是最近失业，两人每月靠婆婆接济5000元生活。婆婆自然没那么和颜悦色，偶尔还挑剔她。这是很自然的事——如果你老公在家里没收入，不过几个月，你也会看他不顺眼的。

另一位当事人小可就不一样了。小可月入十万元，比老公全家人的收入加起来都多，她吃完饭连碗都不用动一下。这也是正常的事，因为我们的经济基础往往可以影响他人对我们的态度。

所以女性在处理婆媳关系时，一定要看到婆婆行为的底层逻辑。非常重要的是，你一定要经济独立，这样，你在家里才能拥有话语权，才能赢得更多尊重，婆婆可能也会转变一些态度。

> **相关法律、法条**
>
> 《中华人民共和国民法典》第一千零四十六条　结婚应当男女双方完全自愿，禁止任何一方对另一方加以强迫，禁止任何组织或个人加以干涉。
>
> 第一千零六十二条第二款　夫妻对共同财产，有平等的处理权。
>
> 第一千零七十九条第一款　夫妻一方要求离婚的，可以由有关组织进行调解或者直接向人民法院提起离婚诉讼。
>
> 第一千零七十九条第二款　人民法院审理离婚案件，应当进行调解；如果感情确已破裂，调解无效的，应当准予离婚。
>
> 第一千零七十九条第三款　有下列情形之一，调解无效的，应当准予离婚：
>
> （一）重婚或者与他人同居；
>
> （二）实施家庭暴力或者虐待、遗弃家庭成员；
>
> （三）有赌博、吸毒等恶习屡教不改；
>
> （四）因感情不和分居满二年；
>
> （五）其他导致夫妻感情破裂的情形。

所托非人，解除婚姻关系或许是新的开始

发现丈夫有重大恶习怎么办？

我先来讲一个故事。

从前，有一只蝎子想要过河，于是它向岸边的青蛙求助："青蛙，青蛙，你背我过河好不好？"青蛙拒绝了，说："不行，你万一蛰我怎么办？"蝎子说："我又不傻，如果我蛰了你，我自己也会淹死的。"青蛙想想也是，于是就背蝎子过河，可是游到河中央时，蝎子还是蛰了青蛙一下，青蛙大惊失色："蝎子，你怎么回事？你不要命了吗？"蝎子很郁闷地说："我知道我错了，可是我就是忍不住。"

俗话说："江山易改，本性难移。"一个人的性格是由他从小的生活环境和遗传因素共同决定的，就像我们的身高一样，等到成年后已经成型，很难再改变。我们有时候明知自己不对，但就算动用了意志力，也很难控制住自己。所以，千万不要期待一个有恶习的人会为了我们而做出改变。我们不要总想着改变他人，而应该直接做出选择。

我在河边散步时，经常会看见一些中老年妇女为了节省一点儿水费而在河边洗衣服，对此我非常不理解。首先，河水并不干净，远远望去是黄褐色的，用这样的水洗衣服非常不卫生。再者，那些坚持在河边洗衣的妇女有几个我认识，她们家庭条件都不错，儿子儿媳挣钱不少，而她们却经常聚在一起抱怨儿媳浪费，一点儿都不知道节约，甚至要求儿媳和她们一起蹲在河边洗衣服。虽然家里人百般阻止，告诉她们不可以这样，这早已不是那个蹲在河边洗衣服的时代了，她们却依然我行我素。

这就是现实。有些人常常很固执，让他们改变很难。

不知道大家身边有没有沉迷赌博的人。赌博可以让一个人在短短的几天之内就倾家荡产，其实他们自己也知道这是不可以做的事，可是到底有几个赌博的人"上岸"了呢？沉迷赌博的人刚开始其实是从赌博中尝到了甜头的——在短时间内得到了一笔钱，有些人甚至迅速"翻身"，成了有钱人。但财富是有吞噬力的，中国有句古话说得好："货悖而入者，亦悖而出。"钱财如果是用不正当的手段赚来的，自然也会以不正当的方式离开。赌博的人，总是记得自己迅速获得"财富"的滋味，虽然不久之后他们又将自己获得的那些"财富"连本带利输掉了，但是他们还是想不断体验那种"暴富"的滋味。因为他们曾经赚过快钱，没法儿再低下头来赚辛苦钱。就算他们在赌博上栽了很多跟头，输得倾家荡产，也知道自己这样是错误的，需要悬崖勒马，甚至有些人已戒赌很多年，但当他们突然需要用钱时，还是会怀念当年的滋味，赌博的念头一旦再次开启，所有的一切将会回到原点，直至赌无可赌。

事实上，许多恶习都与此相同，比如出轨、酗酒、家暴等。人的底线是不容被突破的，一旦被突破了第一次，就会有第二次、第三次……直至将一切都摧毁。

我们永远不要寄希望于"对方会改变"，认为对方会为了爱情改变。事实是——爱情没有那么大的魔力。

有时候我们也可以反思一下自己：我们身上有没有缺点亟待改正？我们都改了吗？是不是在改正时也挺艰难的？而且很多缺点像顽疾一样，改了复发，复发了又改。这就是现实，成年人对伴侣只能筛选，而不要认为对方会为自己改变。在很多时候不是他不想，而是他根本做不到。我们为了自己的幸福，一定要认真进行筛选，如果发现对方有恶习，那么请尽快抽身而退，一定要果断。

如果丈夫有重大恶习，严重侵害了夫妻共同财产，那么你唯一要做的，就是尽快离开深渊，并且保住你的合法财产。我国法律对此也有相关规定。

相关法律、法条

《中华人民共和国民法典》第一千零七十九条第三款　有下列情形之一，调解无效的，应当准予离婚。

（一）重婚或者与他人同居；

（二）实施家庭暴力或者虐待、遗弃家庭成员；

（三）有赌博、吸毒等恶习屡教不改；

（四）因感情不和分居满二年；

（五）其他导致夫妻感情破裂的情形。

第一千零九十二条　夫妻一方隐藏、转移、变卖、毁损、挥霍夫妻共同财产，或者伪造夫妻共同债务企图侵占另一方财产的，在离婚分割夫妻共同财产时，对该方可以少分或者不分。离婚后，另一方发现有上述行为的，可以向人民法院提起诉讼，请求再次分割夫妻共同财产。

做全职太太所面临的风险和离婚后的相关补偿

小夏是一名全职太太，育有一岁半的幼儿。以下是她一天的"工作表"。

起床、洗漱、做早餐。

7:30　孩子起床，给孩子穿衣服、刷牙、洗脸、梳头，照顾孩子吃早饭。

9:00　放动画片给孩子看，自己叠被子、拖地、洗碗、洗衣服。

10:00　和孩子玩耍，教孩子认字，给孩子做早教。

11:00　开始做午饭，做饭期间将孩子放在安全围栏里面，给孩子玩具玩。

12:00　吃午饭。

13:00　哄孩子午睡。

15:00	孩子醒来，出门遛娃。
16:30	开始给丈夫做晚饭。
18:00	丈夫回家，饭后躺床上玩手机。
19:00	孩子打了个喷嚏，丈夫大发雷霆："你一天啥也不干，在家里看孩子还把孩子给弄感冒了！你怎么看孩子的？"吵架吵到21:00，孩子吓得哇哇大哭。
23:00	小夏在床上抹泪，丈夫已经沉沉睡去。睡前还说："一天天的，就知道哭！家都要被你哭散了！"

这就是全职太太小夏每天都要重复的生活。每天忙得像陀螺一样，没有一丁点儿空闲，还得不到丈夫的理解，丈夫还说自己单位的女人工作、带娃两不误。这日子眼看没法过了。

其实，如果能按照以上的计划表带孩子，这种程度的辛苦倒也不是不可以接受。关键是孩子他不是个洋娃娃，他会闹，让他刷牙他会在凳子上蹦蹦跳跳；让他吃饭他会想着玩玩具，还会把饭搞得到处都是；一不留神可能还会拉一床单……

其实辛苦倒也罢了，最令小夏痛苦的是：丈夫不理解自己带孩子的辛苦和难处，丈夫对她没有半句好话。这才是全职太太痛苦的根源——自己的付出得不到认可。手心向上问丈夫要家用时，丈夫来一句："你怎么老要钱？我挣钱容易吗？"就更让人绝望了。

小夏因此想离婚，但是离婚之后她要怎么办呢？她没有收入来源，也舍不得孩子。所以小夏的生活就像陷在了泥潭里，每天以泪洗面，在痛苦中挣扎着。

其实，做全职太太确实有很大风险：手心向上，缺乏尊严；缺乏独立生活的能力，离开男人便无法照顾好自己和孩子，即便想摆脱一个已感情破裂的男人，也诸多顾虑；脱离工作太久，错过了事业发展的黄金期，发展前景的损失不可估量；困于家庭生活，视野变得越来越狭小，每天只盯着丈夫，疑神疑鬼，自我内耗；人和人的悲欢并不相通，自己明明干了很多活，却被丈夫，甚至被全社会看作"吃闲饭的"；丈夫不忠的概率成倍增加……

丈夫不认可全职太太的付出，但是法律认可。针对这样的社会现象，法律也做出了一系列的规定。如果说，婚后妻子为了照顾孩子、照顾老人、协助男方工作等，放弃了自己的工作，在育儿、家务、赡养等事情上承担了更多的劳动，那么在离婚时，除能够正常分财产外，还可以要求一定的家务补偿。具体的补偿款项由夫妻双方协商确定。协商不成的，法院会根据夫妻双方结婚时间长短、女方在家务劳动中的具体付出、男方的经济条件、当地的收入水平等方面进行综合判断。同时，如果全职太太离婚后生活困难，且男方有能力负担，是应当给予女方适当帮助的。

2021年，一对夫妇因为感情破裂而离婚。他们之间的故事是这样的：女方在婚姻存续期间放弃了自己的事业，全身心投入到家庭中，担任了全职太太的角色，负责照顾孩子、料理家务等，而男方在外工作，后来，二人因感情破裂诉讼离婚。

在离婚诉讼过程中，女方提出自己是全职妈妈，在抚育子女、家务劳动方面承担了较多义务，为家庭做出了较大贡献，要求男方支付经济补偿。

法院经审理后认为，根据《中华人民共和国民法典》的相关规定，夫妻双方在婚姻关系存续期间取得的财产归夫妻共同所有，同时考虑到家务劳动虽不直接产生经济收益，但对家庭的贡献是不可忽视的，女方作为全职太太，其家务劳动为家庭创造了无形但重要的价值。据此，法院判决男方需向女方支付一定数额的家务劳动补偿金，最终确定的数额为五万元人民币。

此案例引起广泛的社会关注，被视为中国法律在认可家务劳动的价值、保护离婚案中经济能力较弱一方的权益方面迈出的重要一步。此案例不仅体现了我国法律对全职太太的家务劳动的认可，还鼓励夫妻双方在婚姻中公平承担家庭责任，并促使夫妻双方在婚姻解体时要合理考虑家务劳动者的贡献，一方要支付付出家务劳动的另一方以相应的经济补偿，以体现法律上的公平正义。

其实，关于全职太太的讨论也不是一两天了。很多人认为她们不创造社会价值，但这遭到很多全职太太的反对，她们认为做家务、生儿育女也是一种价值。

但社会价值的高低，是看其稀缺性的。如果一项商品或服务具有很强的可替代性，那么它的社会价值就是比较低的。

事实上，有些男性看不见女性的生育成本和在育儿方面的付出，这和他是否优秀、品行如何毫无关系，两性之间，对于对方的很多事，其实真的是很难互相理解的。我们不要把自己在这个世界上安身立命的本钱寄托在别人的所谓"良心"上。即便真的相爱，人和人之间的悲欢，也并不相通。一旦发生我们不愿发生的事，首先要想的，就是如何保证自己的权益。

而且不得不说的是，女性离婚后事业有成且找到好男人的例子真的是太少了。人的事业发展是有黄金期的，过了黄金期，再想有所成就可以说举步维艰。再者，一个人很多年不参加社会工作，会很容易失去勇气与活力。所以对女性来说，牺牲自己的事业，做全职太太，需要三思而后行。

但有一些情况或许例外，比如：我的个人能力有限，出去工作也只能找到薪资极低、极累的那种，但我丈夫经济条件好，且他非常愿意让我专心照顾家庭，且我们夫妻二人相互理解、相互信任、沟通顺畅。如果是这种情况，那对于女性来说，在家"相夫教子"或许也是个很好的选择。

相关法律、法条

　　《中华人民共和国民法典》第一千零八十八条　夫妻一方因抚育子女、照料老年人、协助另一方工作等负担较多义务的，离婚时有权向另一方请求补偿，另一方应当给予补偿。具体办法由双方协议；协议不成的，由人民法院判决。

我不知道伴侣在外所欠的债务，
我需要偿还吗？

我举个较极端的我当事人的案例。

> 董雨和吴明结为夫妻，他们对婚后的财产分配采取"约定财产制"，二人之间有财产协议，约定日常生活基本"AA"制。婚后，吴明想买一辆车，却差一部分钱。他碍于面子和财产协议，不愿向妻子开口借钱，于是就向自己的朋友张华借了一笔钱。两年后，吴明做生意亏损，自己名下的房产和车都被抵押拍卖了，而他和董雨的婚姻也破裂了。吴明实在没有钱偿还张华的借款，就主张这笔钱是他和董雨的共同债务。董雨表示自己并不知情，吴明也承认董雨当时并不知情。但法官还是判决这购车款属于吴明和董雨的共同债务，董雨需要负连带责任，理由是：张华并不知道吴明和

董雨在生活中实行"AA"制，张华属于善意第三人，夫妻内部关于财产的约定是不能对抗善意第三人的，张华有权利要求董雨还这笔借款。

在解析董雨和吴明案时，我们首先要明确一个概念，那就是夫妻双方的"家事代理权"。家事代理权指的是夫妻因为日常家庭事务和第三人进行法律行为的时候可以互为代理，互有代理权。也就是说，我们在日常生活中进行购物、娱乐、医疗等日常事务时，可以完全作为我们伴侣的代理，无须征得对方的同意，因为这些行为所负的债务，我们的伴侣也必须承担连带责任。

在家事代理权之外，还有一种"滥用家事代理权"。这指的是在非日常家庭事务中需要对夫妻共同财产做出处分时，不能使用家事代理权，如果有一方强行使用，那就是滥用家事代理权。滥用权利者应当承担法律责任。这种非日常家庭事务主要有如下几种。

（1）处分不动产。如果伴侣私自处分和我们共有的房产，是不能适用家事代理权的。

（2）处分具有重大价值的财产。比如不经我们允许卖掉家里的汽车或购买奢侈品等。

（3）处理与当事人一方人身密切关联的事务。比如替我们领工资、立遗嘱、收养送养子女等。这些行为都明显具有人身性质，是不能由对方代理的。

（4）进行风险较大的行为。比如投资股票，这是一种风险较大的行为，即便用夫妻共同财产炒股，也只能由股票登记的一方为责任人。

其实判断是不是滥用家事代理权，我国法律规定，只要看看对方的行为是不是为了家庭共同生活即可。

在日常生活中，如果夫妻一方滥用家事代理权，给对方造成了损害，那么是要承担赔偿责任的，但不能对抗善意第三人。也就是说，比如夫妻一方在外欠的债务，另一方是要负连带责任的。但如果负下债务的一方的行为属于滥用家事代理权，另一方可以向其追偿。那么在本例中，吴明的行为属不属于滥用家事代理权呢？很明显不属于，因为吴明借钱购买汽车本质上还是用于家庭生活，这两年内他用车接送孩子、接送董雨上下班，载全家人郊游……但本例又有其特殊性，那就是：董雨和吴明采取的是约定责任制，董雨在偿还了张华的款项后，还可以依据她和吴明之间签订的财产协议来向吴明追偿。

丈夫在外举债，在很大程度上，妻子是要负连带责任的，但区别在于离婚时妻子能不能向丈夫追偿。如果丈夫举债是用于家庭生活，那么妻子不能向丈夫追偿（约定夫妻双方财产"AA"制的除外）；如果丈夫举债并没有将钱用于家庭生活，那么离婚之后妻子可以要求前夫对自己进行损害赔偿。

相关法律、法条

《中华人民共和国民法典》第一千零六十四条　夫妻双方共同签名或者夫妻一方事后追认等共同意思表示所负的债务，以及夫妻一方在婚姻关系存续期间以个人名义为家庭日常生活需要所负的债务，属于夫妻共同债务。

夫妻一方在婚姻关系存续期间以个人名义超出家庭日常生活需要所负的债务，不属于夫妻共同债务；但是，债权人能够证明该债务用于夫妻共同生活、共同生产经营或者基于夫妻双方共同意思表示的除外。

遭受家暴时可以申请"人身安全保护令"

我们都知道家暴是一种极其恶劣的行为，姐妹们对家暴行为深恶痛绝，有时会觉得国家对家暴的打击力度不够。但是在司法实践中，家暴却很难处理。这并不是国家不作为，而是因为许多夫妻"床头吵架床尾和"，过不了三四天，被家暴的姐妹可能就原谅对方了！而参与其中的公安机关则显得"里外不是人"。可以说大部分家暴事件都是这么个结果，久而久之，就显得公安机关不作为。

我来讲一个真实案例。

王小花和张强结为夫妻，婚后张强经常家暴王小花，王小花三天两头地报警。可没过几天，双方又和和美美地过日子了。某天，王小花又哭天抢地地到派出所报警——她的胳膊被张强扭脱臼了，看起来非常痛苦，她口口声声对警察说这日子她不过了，要警察将张强抓起来。派出所的很多警察对她这一套早已经司空见惯。而这次接到王小花报警的，是新来的一位警察，他对家暴事件深恶痛绝，按照相关规定，张强应该被处以行政拘留，于是他要按规定处理。同事们都劝他，说这对夫妻经常是"床头吵架床尾和"的。但新来的警察不愿意，他觉得自己按规定办事有什么错？于是就把张强拘留了。没想到三个月后，王小花被张强砍了三刀，这上升为刑事案件。被公安机关带走时，张强嘟囔说："情分？我和她王小花有什么情分？屁大点儿事就把我送进派出所拘留……"搞得派出所的那位警察很久走不出这个阴影，总觉得是自己导致王小花被砍的。

没想到的是，张强因为涉嫌故意伤人被立案调查，王小花不顾自己受伤的身体，跑前跑后为他取保候审，还出具谅解书，哀求公安机关不要处理她的丈夫。遭到拒绝后，王小花在公安局门口破口大骂，说公安局"狗拿耗子，多管闲事"。

由上可见，在司法实践中，家暴事件真的很难处理。我遇到过不少因为遭受家暴而来向我咨询的姐妹，我不仅详细地向她们解释相关法律法规，还特别共情，义愤填膺，结果没几天就看见被家暴的姐妹在朋友圈晒自己和老公一起出游的照片，配文："家人们，我又幸福了！"……我好心发信息去问家暴的事情怎么跟进，她回复："你想赚律师费想疯了吧？"确实搞得我挺没意思的。

所以姐妹们，一旦遭遇家暴，你自己必须先想好：这事你打算怎么解决？离婚让对方付出代价，还是其他什么。你遭受殴打，受到了人身伤害，法律能做的是保护你的人身安全，并追究侵害者的法律责任，大致包括刑事责任（坐牢）、行政责任（行政拘留）和民事责任（责令对方赔钱、赔礼道歉、解除婚姻关系等）。但如果你说："我的诉求是让我老公以后对我好点儿，把我捧在手心里"，你自己想想，这是法律能做到的事情吗？所以，你一定要想好，到底想怎么办。如果你找律师只是想发泄一下自己的情绪，律师的时间是很宝贵的，你要决定好了再来谈。是否摆脱家暴的决定权在你自己手里，而不在律师手里。法律会保障每位公民的人身安全，除非你自己放弃。

针对你做出的不同决定，我来给出不同的解决方式。

第一种：家暴不可忍，这日子没法儿过，离婚！

想明白了离婚，可以向法院提出离婚诉讼申请。我国法律明确规定：实施家庭暴力或虐待、遗弃家庭成员的，一方起诉时，法院应当准予离婚。在司法实践中，法官一般会查明家庭成员的情感状况，再查明实施家庭暴力行为的情节，看是否具有经常性以及恶劣程度。如果查明夫妻感情确实糟糕，法院会判决离婚。所以姐妹们，在遭受家暴，且确定要离婚的情况下，可以直接向法院起诉。

第二种：丈夫家暴程度较高，具有危险性，先冷静下来再做决定。

如果你一时还没有想明白自己要怎么做，且你的丈夫还处在"狂暴"阶段，随时可能侵害你的人身安全，那么你可以向法院申请"人身安全保护令"。人身安全保护令是一种民事强制措施，是反家庭暴力法创设的重要制度，是人民法院为了保护家庭暴力受害人及其子女和特定亲属的人身安全、确保婚姻案件诉讼程序的正常进行而做出的民事裁定。你向法院申请人身安全保护令时，要写明具体的被申请人——你的丈夫，再写明具体的请求——你希望法院怎样保护你的人身安全，最后还要有理由——你确实存在遭受家庭暴力或者面临家庭暴力现实危险的情形。法院受理你的申请后，会在七十二小时内做出决定，是驳回申请还是作出人身安全保护令。情况紧急的话，会在二十四小时内作出。

法院会采取以下四种措施来保护你的人身安全：禁止被申请人实施家庭暴力；禁止被申请人骚扰、跟踪、接触申请人及其相关近亲属；责令被申请人迁出申请人住所；保护申请人人身安全的其他措施。

但是还需要注意，人身安全保护令的有效期不超过六个月，人身安全保护令失效前，人民法院可以根据你的申请撤销、变更或者延长。

所以姐妹们，法律能够保障我们安全的方式有很多种，只要我们采取行动，能够威胁到我们人身安全的人并不多。但是，法律不能保障爱情，不能让你的丈夫变成你想要的模样，更不能让你的生活称心如意。要想爬出泥潭，必须依靠自己。

相关法律、法条

《中华人民共和国反家庭暴力法》第二十三条　当事人因遭受家庭暴力或者面临家庭暴力的现实危险，向人民法院申请人身安全保护令的，人民法院应当受理。

当事人是无民事行为能力人、限制民事行为能力人，或者因受到强制、威吓等原因无法申请人身安全保护令的，其近亲属、公安机关、妇女联合会、居民委员会、村民委员会、救助管理机构可以代为申请。

第二十八条　人民法院受理申请后，应当在七十二小时内作出人身安全保护令或者驳回申请；情况紧急的，应当在二十四小时内作出。

第二十九条　人身安全保护令可以包括下列措施：

（一）禁止被申请人实施家庭暴力；

（二）禁止被申请人骚扰、跟踪、接触申请人及其相关近亲属；

（三）责令被申请人迁出申请人住所；

（四）保护申请人人身安全的其他措施。

第三十条　人身安全保护令的有效期不超过六个月，自作出之日起生效。人身安全保护令失效前，人民法院可以根据申请人的申请撤销、变更或者延长。

《中华人民共和国民法典》第一千零七十九条第三款　有下列情形之一，调解无效的，应当准予离婚：

（一）重婚或者与他人同居；

（二）实施家庭暴力或者虐待、遗弃家庭成员；

（三）有赌博、吸毒等恶习屡教不改；

（四）因感情不和分居满二年；

（五）其他导致夫妻感情破裂的情形。

老公有外遇，我们应该怎么做？

　　"老公有外遇"是个很沉重的话题，也是很多姐妹无法接受的事。得知丈夫有外遇，有些姐妹可能会果断放弃婚姻，还有些姐妹也许会宽容待之，毕竟每个人对感情的要求不同。抱着婚姻就是"搭伙过日子"这一想法的姐妹可能会觉得老公只要把钱带回来就好；但如果是和伴侣青梅竹马，一起走过风风雨雨的姐妹，可能就接受不了。

　　《中华人民共和国民法典》明确规定：我国的婚姻制度是一夫一妻、男女平等、婚姻自由，而且夫妻之间应当互相忠实，相互尊重。但这只是道德义务，不是法律义务。我在前文也说过，法律保护的是财产，而不是感情。感情是没有任何东西能够保证的。况且"夫妻忠实义务"只是提倡和原则，没有与之相应的具体规定。

苏安的丈夫因工作性质，常年在外出差，苏安在家里安心带孩子，两个人大概两个月见一面。有一次苏安为丈夫洗衣服时，在他口袋里找到一张小票，发现他在外面做了一次"大保健"，苏安立刻当面质问丈夫。丈夫紧张得要命，立刻扇自己耳光，并说知道错了，自己这段时间也很惶恐，求苏安给自己一个机会。苏安痛不欲生。

面对这种情况，离婚是不是唯一的选择呢？因人而异吧。

对苏安来说，离婚未必是一个很好的选择。因为她面临很现实的问题就是：她带着孩子没有收入来源，丈夫虽然挣得不是太多，但维持小家庭的开支绰绰有余，她和孩子过得还算体面。如果冲动之下贸然离婚，她和孩子的生活水平将会大打折扣。如果改嫁，下一任对象很难说会不会比这一任好。这些都是不得不考虑的问题。

那么苏安最好的处理方式是什么？我认为就是在丈夫愧疚、后悔的这段时间，夫妻双方签订财产协议书。

财产协议书和我们普遍认为的忠诚协议还是有很大区别的。一般我们认为的忠诚协议和保证书类似，就是写明如果老公继续出轨就净身出户，基本上就是妻子觉得两个人的感情还没有完全破裂却担心丈夫出轨成一种习惯，想通过这种方式来制约丈夫，于是想出这样的方法来让丈夫有所忌惮。

但事实上忠诚协议并没有那么大的作用，不一定能保证对方不出轨。因为出轨必然是有原因的，可能是外在诱惑，也可能是双方没有共同语言，更可能是赌气，等等。另外，签订忠诚协议可能会造成我们心理紧张，因为它生效是以男方出轨为前提的，所以我们总想通过蛛丝马迹来确认对方有没有出轨。但出轨这件事，我们想一遍，心就会痛一遍，这无形之中对自己的心态也是一种影响，而心态会表现在行为上，不利于夫妻关系的和谐。

而且，我们费尽心思签订的忠诚协议不一定有效。因为这样那样的原因，有关忠诚协议效力的规定没有被写进正式的司法解释。此外，忠诚协议要生效，必须存在对方的出轨事实，而这需要我们去取证，这既费时、费心、费力，还影响了自己。

但夫妻之间的财产协议书就不一样了，它就是一个夫妻双方对于婚后财产分配的约定，不管双方有没有出轨，离婚时财产都应该这样分。我们可以和对方约定，尽量争取更多的合法权益。一旦真的因无法挽回而离婚，这个婚后的财产协议也是很容易得到法院认可的。

所以像苏安这种情况，丈夫的出轨情节较轻，苏安以采取签订财产协议书的方式，先让自己取得财产权，以后是否离婚再视丈夫的表现而定。但同时苏安也要注意提升自己。我在前面说过，永远不要期待一个人去改变，如果一个人突破了底线，那底线就会成为一种无形的诱惑，不断将他往深渊拉去。

丈夫出轨这种事，对夫妻双方的信任感是一个摧毁性的打击，不论怎样弥补，也很难回到从前了，这个我们心里一定要有数。如果你现在的确有难处——"人在屋檐下，不得不低头"，没有工作，一旦离婚，自己和孩子无处安身，那也只能选择暂时妥协。但你一定要记住，以后别再将自己的命运交付他人了，一定要保持经济独立，要自己养活自己。

毕竟，如果你现在工作光鲜、稳定，光存款就有上百万元，为人高傲，并且有"感情洁癖"，那么我必然不会给出以上建议，我会很明确地告诉你：让他离开。所以这个世界很现实、很残酷，不是吗？

但还有下面这样一种情况。

夏月和丈夫青梅竹马，后来步入了婚姻，是很多人羡慕的对象。可是他们是恋爱十五年后才结婚的，为什么拖了这么久？其实在他们相恋第十年时，就发现彼此在思想上已经分道扬镳了，男方也萌生了分手的想法。可是夏月的年龄不小了，按照夏月妈妈的说法，是男方将自己的女儿耽误了。而当时男方身边的舆论是：夏月用自己的整个青春陪着你，你要是不娶她，那岂不是太负心寡义了？

后来他们结婚了，婚后两人之间的分歧越来越大，再加上柴米油盐等生活琐事的折磨，他们的感情很快走到了尽头。而夏月的丈夫也调到了很远的地方当地区经理，很久都不回一次家。一次，夏月偶然从外地的朋友口中得知，夏月的丈夫挽着另外一个女人的胳膊逛街。夏月的大脑"嗡"的一声。不过，已经这么多年，夏月再也不是从前那个冲动的小姑娘了，她很快冷静下来，收集到这个女人的资料，得知她是丈夫的秘书，而且二人已经在外地以夫妻的名义同居了，还经常以夫妻名义携手参加活动。夏月非常愤怒，她决意要让对方付出代价。而夏月本人此时已经升任知名互联网公司的中层管理人员，各方面的条件都让她无须顾虑。

面对这种情况，夏月应该怎样处理呢？

首先我的建议是离婚，因为他们夫妻的感情早已破裂。即便没有那个女秘书，他们的感情也不会长久。她的丈夫不是临时起意或者是偶然意外出轨。

既然已经打算离婚了，那么夏月该如何做呢？

需要明确的是不存在像苏安丈夫那样出于愧疚而签订夫妻财产协议书的情况，因为夏月的丈夫根本不愧疚。如果夏月拆穿，那么她丈夫的答复也只有一个：是的，我喜欢上别人了，我们应该离婚（而事实也的确如此）。对于一个早已不爱你的人，还怎么指望他会愧疚，并且将大部分财产分给你呢？

所以夏月此时最好的处理方式如下。

首先，一切如常，不要让丈夫知道自己已经知道他出轨。其实出轨案件中往往涉及激烈的博弈，女性一般处于弱势地位。因为在取证和掌握丈夫财产方面都有很大难处。所以夏月最好的做法是：不要打草惊蛇，以免对方毁灭证据或转移财产。

其次，迅速查清对方的财产状况。夏月已经决定用法律手段解决问题，那么她现在要做的是尽可能地收集证据，查清丈夫名下的财产，包括房子、车子、存款、债权等，再看看他有没有给那个秘书赠送价值较高的礼物或者房产。因为在法律上，这些都是他们夫妻的共同财产。

再次，梳理自己的财产状况。夏月要将自己的婚前财产全部梳理一遍，比如彩礼、嫁妆、存款等。如果自己的财产和配偶的财产出现了混同，则一定要迅速进行切割，以防被法院认定为共同财产加以分割。

最后，收集证据。出轨案件的难点在于搜集和保存证据，因为对方如果知道我们在采取措施，会试图掩盖证据。所以搜集证据的最佳时机是对方刚知道我们发现他出轨的时候，因为这时候他内心深处容易惊慌失措或忐忑不安。所以我们要抓紧时间进行取证，不能等到对方调整好心态。

做完以上一系列安排，那么不管是诉讼离婚还是协议离婚，都可以立于不败之地：诉讼离婚我们拥有证据；协议离婚我们拥有谈判筹码。

夏月这种情况，还有一点需要注意，那就是她还可以直接以丈夫涉嫌重婚罪为由向法院提起诉讼。在我国，重婚罪的构成要件之一是：有配偶者以夫妻名义与他人同居。而因重婚导致离婚的情形，无过错方有权要求过错方进行损害赔偿。如果被法院认定为重婚，她的丈夫还有可能面临两年以下的牢狱之灾，并因此身败名裂。

一旦发现丈夫出轨，一定要第一时间让自己冷静下来，不要自乱阵脚。我们要解决问题，而不是制造问题，撒泼打滚固然可以发泄情绪，但除引起对方的反感和警惕之外，对财产的保护百害而无一利。所以姐妹们不要意气用事，凡事以保证自己的利益为先。

相关法律、法条

《中华人民共和国民法典》第一千零四十二条第二款　禁止重婚。禁止有配偶者与他人同居。

第一千零四十三条　家庭应当树立优良家风，弘扬家庭美德，重视家庭文明建设。

夫妻应当互相忠实，互相尊重，互相关爱；家庭成员应当敬老爱幼，互相帮助，维护平等、和睦、文明的婚姻家庭关系。

《最高人民法院关于适用〈中华人民共和国民法典〉婚姻家庭编的解释（一）》第四条　当事人仅以民法典第一千

零四十三条为依据提起诉讼的，人民法院不予受理；已经受理的，裁定驳回起诉。

老公给第三者花的钱，我可以追回吗？

众所周知，男性在追求女性时往往会付出一些金钱成本，追求"情人"、第三者时可能更甚，因为自己无法给对方名分而感到愧疚。

那作为原配，丈夫送给第三者的财产我们可以追回吗？答案是肯定的。因为按照我国法律规定，这些财产都是夫妻共同财产，他没有权利擅自处分。

那么如何才能追回丈夫送给第三者的财产呢？这得视财产的性质而定。

丈夫送给第三者的不动产是否可以讨回？

如果是不动产，很多人可能认为房子如果已经过户了，就很难讨回了。不是这样的，如果房子是丈夫的婚前财产，那么我们是无法要回的。但如果房子是夫妻婚后购买的，那还是有可能通过诉讼的方法将房子要回来的。

但还有一种情况就是丈夫以第三者的名义购买的房产，这种情况下，房屋不能讨回，因为已经过户。但是可以要求第三者返还金钱，因为丈夫给第三者的这部分用于购房的资金是夫妻共同财产，我们可以要回购房款，但房子的涨价部分和我们无关。

丈夫给第三者的转账是否可以讨回？

丈夫对第三者的赠与不是不动产，而是转账，那也是可以讨回的。但是具体的讨回方式可能需要找专业律师来咨询，因为专业的律师有自己的一套处理这类案件的方法，我们自己做可能会出现各种状况，导致承受不必要的损失。我们要做的是尽可能地搜集可以证明老公和第三者不正当关系的证据，比如聊天记录、照片、视频、录音之类。

要注意一点，那就是聊天截图是很难被认定为证据的，因为它只有一个微信头像，而任何人都可以将自己的头像换成我们老公或第三者的头像。这时，可以直接用手机录像的方式来固定聊天记录作为证据，遇到语音也都全部点开播放，然后再把他们的聊天记录全部转发给自己。最后，一定要记得把转发记录删掉，否则可能会被出轨方发现而打草惊蛇。至于那些可以证明丈夫向第三者转账的银行记录，也要注意留存证据。

此外，还可以找到第三者对质，这样做的目的并不是吵架，而是用语言去刺激她，让她说出自己和你老公之间的关系，或是让她承认你老公在她身上花了多少钱，要同时录音录像。然后，将这些全部交给专业律师。

此外姐妹们，一定要调整自己的心态。一些姐妹遭遇丈夫出轨后，心情极度沮丧，想马上结束这段关系，觉得："爱情都没有了，我还要钱做什么。""就让我独自心碎，独自离开吧。"这种心态是要不得的，一定要转变。可以这样想："钱和爱情我总要抓住一个吧，如果能把爱情算成钱，那也未尝不是一种补偿。毕竟我一辈子可能会遇到很多爱，但不一定能挣到很多钱啊！"

相关法律、法条

《中华人民共和国民法典》第一千零六十六条　婚姻关系存续期间，有下列情形之一的，夫妻一方可以向人民法院请求分割共同财产：

（一）一方有隐藏、转移、变卖、毁损、挥霍夫妻共同财产或者伪造夫妻共同债务等严重损害夫妻共同财产利益的行为；

（二）一方负有法定扶养义务的人患重大疾病需要医治，另一方不同意支付相关医疗费用。

在"离婚冷静期"外，你还有另一个选择

吴女士带着自己五岁的女儿和两岁的儿子，从二十四楼一跃而下，抢救无效身亡。经过警方调查，确认吴女士是因为家庭矛盾和夫妻感情不和，携子女跳楼自杀的。

吴女士的女儿双耳失聪，儿子体弱多病。为了照顾孩子，她做了一名全职妈妈。平日，吴女士不仅被婆家骂作"白吃白喝的"，丈夫也经常对她非打即骂。忍耐很久的她决定和丈夫离婚。几天前，她以"净身出户"的代价换来了丈夫的答应离婚。二人一起去民政局登记离婚，却被告知有三十天的离婚冷静期，三十天后，没有任何一方反悔，才发给离婚证。

吴女士就是在这三十天的离婚冷静期内，携子女从二十四楼跳下的。

　　吴女士的案子，将我国新出台的"离婚冷静期"法律规定推上了风口浪尖。很多人对这一政策表示悲观，认为现在"离婚难"。其实不然。

　　关于离婚，《中华人民共和国民法典》给我们提供了两种方式来选择：一是协议离婚；二是诉讼离婚。协议离婚指的是夫妻双方协商好了，将子女、财产问题约定好，然后一起去民政局领取离婚证，解除婚姻关系；诉讼离婚是指夫妻双方难以就离婚一事达成一致（可能是其中一方不愿离婚，也可能是财产分配、子女归属等问题协商不成），所以需要法院介入来裁判。而"离婚冷静期"，是仅限于协议离婚的。

　　我国民法有一个重要原则——意思自治。意思自治用通俗的话来表示，就是"你们自己商量好了就行，法律按照你们商量好的办，不加干涉"。但夫妻感情又和其他民事纠纷，譬如借贷、合同纠纷之类的有所不同，它有着自己的特殊性。人们常用"床头打架床尾和"来形容夫妻感情，而感情这件事是很难捉摸的。也确实有很多夫妻，在情绪冲动时，做出离婚的决定，从而给自己、给家人造成很大损失。所以法律规定了"离婚冷静期"，主要是想让夫妻双方都冷静冷静，三十天后，如果双方都确定离婚，再发离婚证，解除夫妻关系。毕竟，夫妻一吵嘴，随便拟个协议，就去民政局当场拿证，这未免也太草率了。在离婚冷静期的三十天内，如果有一方反悔，那么说明，关于离婚这件事，夫妻双方根本没有商量好。既然没有商量好，那就意味着不能随便强行做出决定。夫妻俩可以回去再商量，如果实在商量不妥，一方可以向法院提起离婚诉讼。

诉讼离婚，法院原则上是先行调解的。但是有几种情形，法院调解无效，是应当判定离婚的，其中之一就是：实施家庭暴力或者虐待、遗弃家庭成员的。我们可以想象，本节开篇中的吴女士，内心肯定有很多委屈，她做出自杀的决定，或许是担心丈夫在离婚冷静期内反悔，她觉得自己逃不出"魔爪"了。其实，如果吴女士选择诉讼离婚，而她丈夫又有家庭暴力的行为，她这种情况，法院是应当判定离婚的，她也不需要净身出户。

所以姐妹们，如果万一走到离婚这一步，不用害怕"离婚冷静期"。如果你想尽快摆脱一个让你恐惧的男人，选择诉讼离婚不失为一种高效的方式。

相关法律、法条

《中华人民共和国民法典》第一千零七十七条　自婚姻登记机关收到离婚登记申请之日起三十日内，任何一方不愿意离婚的，可以向婚姻登记机关撤回离婚登记申请。

前款规定期限届满后三十日内，双方应当亲自到婚姻登记机关申请发给离婚证；未申请的，视为撤回离婚登记申请。

第一千零七十九条　夫妻一方要求离婚的，可以由有关组织进行调解或者直接向人民法院提起离婚诉讼。

人民法院审理离婚案件，应当进行调解；如果感情确已破裂，调解无效的，应当准予离婚。

有下列情形之一，调解无效的，应当准予离婚：

（一）重婚或者与他人同居；

（二）实施家庭暴力或者虐待、遗弃家庭成员；

（三）有赌博、吸毒等恶习屡教不改；

（四）因感情不和分居满二年；

（五）其他导致夫妻感情破裂的情形。

一方被宣告失踪，另一方提起离婚诉讼的，应当准予离婚。

经人民法院判决不准离婚后，双方又分居满一年，一方再次提起离婚诉讼的，应当准予离婚。

离婚后，孩子的抚养费和跟谁姓没有关系

李军和王诗因为夫妻感情破裂离婚了，孩子当时只有两岁，判给了母亲王诗抚养，李军需要每个月支付孩子的抚养费。但是不久之后，王诗改嫁了，按照当地的风俗，王诗将孩子的姓改为继父的姓氏。李军知道后勃然大怒，在他的思维中：孩子跟别人姓，就是别人家的人了，跟自己没有关系了。于是他拒绝支付抚养费。

在现实生活中，母亲改嫁后给孩子改姓的情况较为多见。我国法律在冠姓权方面的规定较为自由，可以随父姓或随母姓，同时也有相关的司法解释：父母不得因子女变更姓氏而拒付子女抚养费，父或母一方擅自将子女姓氏改为继母或继父姓氏而引起纠纷的，应责令恢复原姓氏。也就是说，我们是不能擅自给子女改姓的，改姓需要和对方协商一致。但这并不影响抚养费的给付，只要是孩子的

生父，就必须支付孩子的抚养费，孩子更改姓氏并不能否定生父母和孩子的血缘关系。

在本案例中，如果李军依然拒绝支付孩子的抚养费，王诗可以向法院提起诉讼，请求法院采取强制手段要求他支付。但是同时也应该知道，我们是没有权利擅自给孩子更改姓氏的，即便改成我们自己的也不行。孩子改姓应该由父母双方协商，男方有权要求我们将子女恢复原姓氏。

相关法律、法条

《中华人民共和国民法典》第一千零一十五条第一款　自然人应当随父姓或者母姓，但是有下列情形之一的，可以在父姓和母姓之外选取姓氏：

（一）选取其他直系长辈血亲的姓氏；

（二）因由法定扶养人以外的人扶养而选取扶养人姓氏；

（三）有不违背公序良俗的其他正当理由。

《最高人民法院关于适用〈中华人民共和国民法典〉婚姻家庭编的解释（一）》第五十九条　父母不得因子女变更姓氏而拒付子女抚养费。父或者母擅自将子女姓氏改为继母或继父姓氏而引起纠纷的，应当责令恢复原姓氏。

离婚后，探望权不可以被随意剥夺

孙杨和孟可离婚了，他们八岁的儿子被判给了男方孙杨，因为他经济条件较好，能够给儿子好的教育，而孟可的工作及收入较差，无人帮扶，无依无靠，且带着儿子可能影响今后择偶，于是孟可同意放弃儿子的抚养权。

孟可常常去探望孩子。但是孙杨家认为两人已经离婚了，而且孙杨也已经在相亲，相亲的女方都不希望他的前妻孟可"阴魂不散"。所以孙杨就给了孟可一笔钱，要求她放弃探望权，还让她写下了保证书，保证以后不出现在儿子面前。

但是不久后，孙杨发现孟可还是偷偷地去学校看望儿子，两人因此大打出手，还闹到了法院。孙杨指责孟可出尔反尔，要求她"拿了钱就赶紧滚远点儿"，要求法院对孟可采取强制措施，要她"一辈子都不要出现在儿子面前"。而孟可就只是哭。

现实生活中，不是所有的夫妻都能好聚好散，很多夫妻在离婚时闹到了撕破脸的地步，恨不得和对方"老死不相往来"。他们只要看见对方心里就不舒服，如果对方还以探望子女为名，不停地出现在自己面前，他们就感到焦虑，所以不许对方探望子女的情况屡见不鲜。

但是父母和子女存在血缘关系，这种关系并不会因为父母离婚而改变。离婚后一方获得孩子的抚养权，另一方获得孩子的探望权，这在理论上是不可以改变的。但是法律同时还规定了探望权的"中止"情形，指的是出现不利于子女身心健康的事由时，探望权"中止"，但当事由消失后，应当恢复探望的权利。

我们可能会注意到一点，那就是为什么这里用的是"中止"而不是"终止"。那是因为，探望权是人身权，具有专属性，不可以通过协议或者法院判决的方式进行剥夺，所以人身权不可能终止，只能被限制。所谓"中止"，指的是暂停，不是剥夺。关于中止探望权的法定事由，我国法律只做了概括性的规定，即"不利于子女身心健康的"。在司法实践中，还需要具体问题具体分析，法官行使自由裁量权。

这里还应该注意：中止探望权是司法行为，没有法院裁定，任何机关和个人都不能擅自中止不直接抚养的一方探望子女的权利。而中止探望权的事由消失，需要恢复探望权的，同样应该由当事人申请，法院裁定恢复。

所以，本案例中孙杨阻碍孟可行使探望权的行为完全不符合法律规定，属于被法律禁止的行为。

从这个案例中，姐妹们可以得出什么结论呢？那就是探望权是父母享有的法定权利，任何人无权剥夺。如果对方阻碍我们行使探望权，我们完全可以用法律捍卫自己的权利。不过，因为牵扯到孩子，如果我们请求法院强制执行，难免会伤害孩子的身心健康，所以要尽量采取调解的方式进行。同时我还要再解释一点：如果双方当事人对于探望权的行使时间和方式没办法达成一致，法院会判决每月一到二次。也就是说，我们每月可以探望孩子一到二次，比如周末去另一方的住处看望孩子，或者去学校接孩子，陪孩子度过周末后再将孩子送回。

相关法律、法条

《中华人民共和国民法典》第一千零八十六条　离婚后，不直接抚养子女的父或者母，有探望子女的权利，另一方有协助的义务。

行使探望权利的方式、时间由当事人协议；协议不成的，由人民法院判决。

父或者母探望子女，不利于子女身心健康的，由人民法院依法中止探望；中止的事由消失后，应当恢复探望。

怀孕期间或刚分娩后，男方能提出离婚吗？

　　我的朋友小宋对待婚姻的态度很潇洒，她和男友认识六十天就闪婚了，直接去民政局领了一张结婚证。他俩说结婚是两个人的事，只要两个人情投意合，说定了就好。但结婚半年后，小宋发现自己和丈夫完全是两种人，短暂的激情过后，她看丈夫哪儿哪儿都不顺眼，丈夫看她亦如是。然而，小宋怀孕了，但丈夫却提出要离婚，态度非常坚决，还让小宋打掉孩子，理由是：不相爱的两个人，要孩子做什么？自己可以出流产费用，希望小宋现在就和他去民政局办理离婚手续。小宋感到很痛苦，因为怀孕之后她感到了做母亲的欣喜和责任，她想要这个孩子。

　　我国法律明确规定：女方在怀孕期间、分娩后一年内或终止妊娠后六个月内，男方不得提出离婚。女方提出离婚的，或人民法院认为有必要受理男方离婚请求的除外。

　　也就是说，当妻子处在怀孕和分娩后的法律规定期间内，丈夫是不能提出离婚的。众所周知，怀孕、分娩以及分娩后是女人最脆弱的时候，如果受到离婚打击，很多人在经济和心理上都会处境艰难。我国法律又建立在对妇女、儿童、老人等弱势群体保护的基础之上，所以法律规定在女性怀孕、分娩、哺乳期及之后的一段时间内，男方不能提出离婚，即便双方感情完全破裂，到法院起诉离婚，法院也不会受理。但女方是可以提出离婚的。

相关法律、法条

　　《中华人民共和国民法典》第一千零八十二条　女方在怀孕期间、分娩后一年内或者终止妊娠后六个月内，男方不得提出离婚；但是，女方提出离婚或者人民法院认为确有必要受理男方离婚请求的除外。

职场丽人卷
用劳动法为事业保驾护航

利用劳动法保护自己的合法权益

1

要工作，更要兼顾个人发展

在很长的一段时间，女性都处于从属地位，深度参与工作也不过是中华人民共和国成立之后的事。现如今，许多姐妹认为自己有一份工作，自己能够赚钱，不是靠男人"养"着，便已经非常优秀，称得上是"独立女性"了。事实远非如此。

前些日子，一个家庭主妇一个星期内连买、连吃三个榴梿，导致丈夫不满的事情引发网络热议。有些姐妹因为该事件中丈夫对妻子连续买榴梿吃不满而愤愤不平，认为如果买一个榴梿花二百元钱，买三个则大约花六百元，假设她一个星期花在榴梿上的开销是六百元，那么一个月花在榴梿上的开销是两千四百元。如果这个家庭主妇出去工作，一定可以赚到自己吃榴梿的钱。现如今，这个家庭主妇随便找个工作就能赚到两千四百元，那么，她就可以随意吃榴梿而不受他人指责。这些愤愤不平的姐妹认为，"榴梿事件"中丈夫之所以不满，是因为这位家庭主妇没有工作，是因为她不是"独立女性"。很多姐妹言辞激烈地说："谁还赚不到吃榴梿的钱啊！"

但实际生活中不是这样算的。假设你一个月可以赚五千元钱，如果每个月花两千四百元吃榴梿，那么剩下的两千六百元要用于房贷（或房租）、通勤、水电、餐饮、其他日用以及人情往来等，那么，你认为这两千六百元够用于这些支出吗？如果有了孩子，还有孩子的奶粉、尿不湿、教育费用……乃至孩子以后结婚、购买房产的费用……那么，这五千元的工资完全不够。所以，以你自己每个月赚五千元的经济能力，是做不到一个星期吃三个榴梿的。

而网络上那些愤愤不平、认为自己可以肆无忌惮地一个星期吃三个榴梿的女士们的思维的底层逻辑在于：自己的工资可以自己一个人全部花掉，至于家庭的其他开销，比如房贷、车贷、孩子的教育费用，以及赡养双方父母的费用、家庭的紧急备用金等，这些全部与自己无关，全是男性的分内之事。那么，事实上，这些女性并不是真正的"独立女性"，还是"靠男人养"啊。

独立女性并不能因"赚到了零花钱"而沾沾自喜。既然选择参加工作，女性就要按照社会竞争的思路来界定自己的经济能力和社会地位：在二十来岁时，工资一万元，可以算是精英；在三十来岁时，如果工资还是一万元（仅限大城市），那就非常普通了。

姐妹们，我们可以扪心自问，我们眼中的优质男性，是不是最好"有房有车无贷款月入十万元"？如果我们默认能够吸引我们的男性应该有这个收入，那么我们对自己的要求是什么呢？现代社会的大部分工作都不需要拼体力，我们拥有和男性一样的智慧，那我们对自己的要求就不能仅仅停留在"赚点儿零花钱"这个层面——这与"独立女性"的人设相去甚远。

在我看来，"独立女性"指的是拥有自己独立的、能够为之终生奋斗的工作或事业，同时，能积极承担家庭和社会义务，为家庭、社会的发展贡献出自己力量的女性。

而为了实现这个目标，女性需要在社会上"闯荡"，需要对自己的工作和人生做出详细的规划。

而且，我们应平衡工作和个人发展之间的关系。

首先，我们要树立终身学习的观念。要在爱岗敬业的同时，利用业余时间充电，比如参加线上课程、阅读专业书籍、参加相关研讨会等，不断拓展自己的视野和知识边界。

其次，我们的个人发展目标要与职业规划相结合。明确自己想要达成的短期与长期目标，并将这些目标融入日常工作中，让自己付出的努力成为实现梦想的阶梯。

再次，我们要学会高效的时间管理，既保证工作质量，又不忘为个人成长留出时间和空间。

最后，我们要保持身心健康。这是工作与个人发展不可或缺的基础。适时休息，合理锻炼，保持积极的心态，在面对工作和生活的挑战时，总能保持最佳状态。

总之，工作与个人发展是相互促进的两个方面。我们在追求职业成功的同时，也要着眼于自我成长，因为最好的投资永远是投资自己。只有个人能力得到发展，我们才有能力、也有资本去追求更高的薪水、更好的回报。同样，只有让自己不断成长、发展，在人生的舞台上，既做自己命运的导演，又做一名出色的主角，发挥出自己的才干，提升生活方方面面的品质，我们才能不受类似"榴梿事件"这样的小事困扰，才能让拥有精彩人生成为可能。

相关法律、法条

《中华人民共和国劳动法》第三条第一款　劳动者享有平等就业和选择职业的权利、取得劳动报酬的权利、休息休假的权利、获得劳动安全卫生保护的权利、接受职业技能培训的权利、享受社会保险和福利的权利、提请劳动争议处理的权利以及法律规定的其他劳动权利。

被拖欠工资怎么办

可欣，一位勤奋的年轻人，去年加入一家新创立的科技公司担任软件工程师，她满心期待能在新环境中有所作为。公司氛围良好，可欣迅速融入团队，并展现出出色的专业能力，项目进展也非常顺利。然而，好景不长，几个月后，她遇到一个让她始料未及的问题——公司拖欠工资。

最初，可欣并没有太在意，毕竟初创公司遇到资金流紧张的情况并不罕见。但连续三个月工资都没能到账，这直接影响到了她的日常生活和心理状态。她开始感到焦虑，担心自己的辛勤工作得不到应有的回报，同时也开始思考应如何妥善处理这个问题。

面对这种情况，可欣首先选择进行内部沟通。她与直接上属和人力资源经理进行面谈，表达了自己的担忧和需求。在面谈中，她态度平和地说明了自己所面临的生活压力，询问公司目前的财务状况以及工资究竟何时能够发放，并请求公司给出明确的答复和解决方案。同时，她也表达了对公司未来发展的信心，希望问题能够尽快得到解决，自己能够继续在公司发光发热。

虽然公司口头承诺会尽快解决工资问题，但为了避免口头承诺的不确定性，可欣请公司出具一份正式的书面说明，明确记录下拖欠的工资金额、拖欠时间、承诺的支付日期等。这份书面说明在未来可欣需要进一步维权时将是重要的证据。

之后，可欣仔细翻阅了自己的劳动合同，特别关注了和工资支付有关的条款，确认公司是否有违反合同的行为。合同中明确规定了工资发放的周期、方式及违约责任，这为她后续的行动提供了法律依据。劳动者因为付出劳动而取得报酬是法律赋予的重要权利。

经过几周的等待，公司仍未兑现支付承诺，可欣决定采取更正式的行动。她搜集了所有相关的证据材料，包括劳动合同、以前的工资条、公司的书面承诺以及沟通邮件等，向当地的劳动监察部门提交了正式投诉。劳动监察部门接到投诉后，对情况进行调查，并要求公司根据相关法律、法规解决工资拖欠问题，在必要时，将采取行政措施强制公司执行。

在解决问题的整个过程中，可欣始终保持冷静，与公司心平气和地沟通，并合理运用法律武器维护自己的权益，一直试图找到双赢的解决方案。她的经历提醒每一位职场人士，在遇到类似问题时，要懂得如何有效、合法地解决问题。

　　《中华人民共和国劳动法》第五十条　工资应当以货币形式按月支付给劳动者本人。不得克扣或者无故拖欠劳动者的工资。

　　《中华人民共和国劳动合同法》第八十五条　用人单位有下列情形之一的，由劳动行政部门责令限期支付劳动报酬、加班费或者经济补偿；劳动报酬低于当地最低工资标准的，应当支付其差额部分；逾期不支付的，责令用人单位按应付金额百分之五十以上百分之一百以下的标准向劳动者加付赔偿金：

　　（一）未按照劳动合同的约定或者国家规定及时足额支付劳动者劳动报酬的；

　　（二）低于当地最低工资标准支付劳动者工资的；

　　（三）安排加班不支付加班费的；

　　（四）解除或者终止劳动合同，未依照本法规定向劳动者支付经济补偿的。

　　《劳动保障监察条例》第二十六条　用人单位有下列行为之一的，由劳动保障行政部门分别责令限期支付劳动者的工资报酬、劳动者工资低于当地最低工资标准的差额或者解除劳动

合同的经济补偿；逾期不支付的，责令用人单位按照应付金额

50%以上1倍以下的标准计算，向劳动者加付赔偿金：

（一）克扣或者无故拖欠劳动者工资报酬的；

（二）支付劳动者的工资低于当地最低工资标准的；

（三）解除劳动合同未依法给予劳动者经济补偿的。

当加班成了"日常"，
我该如何合法"反抗"

我的朋友小雅就职于一家科技公司，大部分时间都要加班，有时甚至加班到深夜，但小雅与公司签订的劳动合同中写的工作时间明明是早九晚五。虽然公司对加班一事从未进行明文规定，但所有员工都很默契地加班，包括小雅的顶头上司。无形的压力和加班文化让小雅觉得，不加班似乎就是不敬业，于是她每天"自愿"选择和大家一起加班。

日复一日，这种"自愿"加班的生活让小雅感到焦虑和痛苦，她的健康也亮起了红灯。更让她痛苦的是，因为她的加班行为属于"自愿"，所以公司没有给她任何加班补贴。

在当今社会，尤其是在互联网行业，"996"文化（即每周工作6天，每天的工作时间是从早上9点到晚上9点）似乎成了一种常态，许多年轻人像小雅一样，被卷入无休止的加班漩涡中。然而，这样的工作模式不仅侵占了员工的个人时间，同时也对员工的身心健康造成了严重危害。

《中华人民共和国劳动法》对劳动者的工作时间做出了相关规定，"劳动者每日工作时间不超过八小时、平均每周工作时间不超过四十四小时"。这意味着，无论公司以何种方式要求员工加班，都需依法支付加班费。

那么，面对如此普遍的加班现象，我们又该如何合法地维护自己的权益呢？以下是一些实用的对策。

首先，我们要深入学习《中华人民共和国劳动法》及相关法律法规，了解自己的权益，尤其明确自己在加班方面的权利，包括加班费的标准和计算方法，这有助于我们有效地维护自己的合法权益。

其次，记录加班事实。详细记录每一次加班的起始时间、时长以及加班的原因，这将成为日后你维权的重要证据。

再次，拒绝不合理的加班。在确保工作质量和效率的前提下，我们有权在非紧急或非必要的情况下拒绝加班，以维护个人的休息时间和生活平衡。我们可以与领导沟通，表达自己的想法和立场，同时提出合理的工作安排建议，避免不必要的加班。

必要时，我们可以寻求法律援助。如果公司长期强制加班且没有加班补偿，可以通过工会、劳动监察大队或法律途径寻求帮助，必要时可以提起劳动仲裁或诉讼，以维护自己的合法权益。

此外，在可能的情况下，我们可以倡导公司建立更加人性化的工作制度，比如弹性工作制、远程办公等，减少不必要的加班，营造一个健康、平衡的工作环境。

小雅的故事并非个例，在追求效率和业绩的同时，我们更应该关注个人的健康和生活质量。通过合法手段维护自己的劳动权益，这不仅是对自己负责，也是以自己的力量推动社会向更加合理的方向发展。

相关法律、法条

《中华人民共和国劳动法》第三十六条　国家实行劳动者每日工作时间不超过八小时、平均每周工作时间不超过四十四小时的工时制度。

第四十四条　有下列情形之一的，用人单位应当按照下列标准支付高于劳动者正常工作时间工资的工资报酬：

（一）安排劳动者延长工作时间的，支付不低于工资的百分之一百五十的工资报酬；

（二）休息日安排劳动者工作又不能安排补休的，支付不低于工资的百分之二百的工资报酬；

（三）法定休假日安排劳动者工作的，支付不低于工资的百分之三百的工资报酬。

对职场性骚扰勇敢说"不"

2021年，某公司的一名女员工称自己被男领导王某要求陪客户张某喝酒，自己被张某灌醉后受到张某猥亵。该女员工向公司相关部门反映，没有得到帮助，于是前往食堂散发传单，想通过这种方式来维护自己的合法权益。

2022年，张某强制猥亵案一审宣判，张某以强制猥亵罪的罪名判被处有期徒刑一年六个月，二审维持原判。

有些姐妹曾在公司遇到过口无遮拦、随口说出带有性暗示话语的男性；有个别男性甚至会明里暗里地试探、挑逗或对女性动手动脚，这些都属于性骚扰。

性骚扰指的是以带有性暗示的言语或动作针对被骚扰者，强迫受害者配合，使对方感到不悦或不适的行为。如果这件事发生在职场，那就是职场性骚扰。

职场性骚扰和普通的性骚扰有所不同。职场性骚扰的实施者可能会利用自己的职务优势或者便利条件等对被骚扰者造成心理上的威慑，强迫下级配合自己的骚扰举动。有些客户会抓住对方想要和自己达成业务交易的迫切心情，对对方进行性骚扰。就如上面例子中的女员工，她很难拒绝男领导要求自己陪客户喝酒的要求。

我们一般面对一些男客户、男领导的某些带有性暗示的挑逗的语言，虽然心理上感到不舒服，但态度一般是"忍忍算了"，因为我们不想失去这个订单或这份工作。但是《中华人民共和国民法典》明确规定，实施性骚扰是违法行为，需要承担相应的法律责任。另外，性骚扰一旦升级为猥亵或侮辱，还有可能触犯刑法。比如上述例子中的张某，其行为超出性骚扰的范畴，符合"强制猥亵、侮辱罪"，所以会受到刑法的制裁。

但是一般在生活中遭遇的性骚扰在很大程度上都是"软性"的：可能是男领导轻佻地"开玩笑"；可能是在KTV唱歌时被男性"搂肩膀""摸大腿"，事后男领导以"喝多了"做掩饰；可能是以利益为诱导，进行一些带有性暗示的试探；等等。虽然没有明目张胆的猥亵，但总让人觉得很不舒服。

我的朋友小筝最近遇见了这样一件事。她的老板（已婚）好几次约她在工作之外的时间去看电影。小筝起初找各种各样的借口拒绝，但老板不依不饶，后来她没办法，只好说："老板，我今天要加班，我还有工作没完成，没有时间看电影。"她试图让老板明白"我在为你挣钱，你不要骚扰我了"。没想到老板恼羞成怒，直接说："你明天不要来了"。

有些姐妹遇到小筝这样的情况，确实会陷入两难的境地：一方面不想被老板拿捏；但另一方面，直接辞职吧，又担心工作不好找，于是就想着先忍忍。但是姐妹们，对方极有可能会继续展开一系列试探：或是和你谈谈工作之外的琐事，以拉近关系；或是展示自己的"权力"，然后试着约你出去；如果你出去了，他们下一次就会试图摸摸你的小手，搂搂你的小肩膀，针对你的反应再决定下一步动作，往往不会止步于"揩揩油就算了"。所以，你如果没有与对方纠缠的心思，就一定要在开始时就直接、当机立断地明确拒绝他们的"试探"，断了对方的念想，不要瞻前顾后，不要想着他会不会对你打击报复、影响你升职等。我想，身处职场的女性从来都不应该想着靠"被性骚扰""被潜规则"升职，这是对我们能力的绝对否定。从来都是公司重金留住人才，你的能力到达一定程度，去任何一家公司都会得到重用。更重要的是，老板或许只是出于男人的"猎艳"想法而试探一下。如果我们从一开始就严词拒绝，打消他的念头，他很有可能就转移目标或者打消想法了，毕竟他的绝大部分时间都要用在工作上。

当然，骚扰我们的有可能不是老板，而是我们的上司或其他公司中层，而且他也的确有一定的权力干扰我们的工作，有机会给我们穿小鞋，比如不批我们的请假条，让我们进行不合理的加班等，对于这种人我们需要采取一定的手段进行处理。比如，我们可以在话里话外暗示对方自己的男朋友是警察、散打运动员，一人能和四个人对打；还可以暗示对方自己不是什么样的男人都看得上，自己不是好惹的……有些男人属于欺软怕硬型，他们往往没有表面看上去那么强大。

面对性骚扰，我们不妨高傲一些、强硬一些，必要时，让对方付出代价，维护自己的尊严。

相关法律、法条

《中华人民共和国民法典》第一千零一十条　违背他人意愿，以言语、文字、图像、肢体行为等方式对他人实施性骚扰的，受害人有权依法请求行为人承担民事责任。

机关、企业、学校等单位应当采取合理的预防、受理投诉、调查处置等措施，防止和制止利用职权、从属关系等实施性骚扰。

《中华人民共和国刑法》第二百三十七条第一款　以暴力、胁迫或者其他方法强制猥亵他人或者侮辱妇女的，处五年以下有期徒刑或者拘役。

　　第二百三十七条第二款　聚众或者在公共场所当众犯前款罪的，或者有其他恶劣情节的，处五年以上有期徒刑。

当心应聘时的那些"坑"

> 　　小朱最近在找工作。她投简历后公司打电话约她面试，面试很顺利，公司对她各方面都比较满意，说可以直接录取。但是按照公司的规定，小朱应该先缴纳五千元的保证金并上交身份证，等她正式到岗后再退还给她。公司给的理由是怕小朱"骑驴找马"，浪费他们的时间。小朱感到不对劲，所以来向我咨询公司这样做是否合法。

　　当然不合法。

　　我国法律明确规定用人单位不得扣押劳动者的居民身份证等证件，违法扣押需要负一定的法律责任。所以遇到用人单位向我们索取身份证和金钱作为担保的情况，我们可以直接拒绝，甚至向有关部门举报。

　　在现实生活中，除交押金这种形式之外，还有一些用人单位在招聘时会巧立名目，收取所谓的培训费、报名费等，我们一定要拒绝支付。为什么要拒绝？这很好理解——我们来公司上班是为了赚工资，哪儿有工资还没拿到手就先交钱的道理？

同时，我们还要特别注意一种隐蔽的犯罪行为，那就是以招聘为名的绑架和拐卖。

之前，《孤注一掷》这部影片让更多的人了解了电信诈骗、招聘拐骗等种种手段，也知道了"缅北"这个地方。很多人可能觉得这种事离自己太过遥远了，我就想拿个工资，没想过发大财，他们怎么会骗到我？

电信诈骗的手段很隐蔽。我的一个高中同学有一个聊了很久的网友，这个网友介绍他去深圳做互动游戏相关工作，月薪三万元。他被这月薪所吸引。

很多姐妹可能会说："月薪这么高，一看就是骗子。"但是要知道，互联网游戏行业的工资本来就比较高，我这个高中同学去应聘，恰恰就在于他相信自己值这个工资！而且介绍他过去的，是曾经跟他合作过游戏开发的网络好友，彼此也都比较信任。更重要的是，那家位于深圳的公司有自己的网页，有自己的App，还上线了好几个小游戏，看起来完全是一家正规公司。

但我这个高中同学比较幸运，他入职深圳的那家公司才半天，这家公司就被公安机关打掉了。事后，我那位高中同学越想越后怕。

所以，求职一定要保持警惕。

《中华人民共和国劳动合同法》第九条　用人单位招用劳动者，不得扣押劳动者的居民身份证和其他证件，不得要求劳动者提供担保或者以其他名义向劳动者收取财物。

第八十四条　用人单位违反本法规定，扣押劳动者居民身份证等证件的，由劳动行政部门责令限期退还劳动者本人，并依照有关法律规定给予处罚。

用人单位违反本法规定，以担保或者其他名义向劳动者收取财物的，由劳动行政部门责令限期退还劳动者本人，并以每人五百元以上二千元以下的标准处以罚款；给劳动者造成损害的，应当承担赔偿责任。

劳动者依法解除或者终止劳动合同，用人单位扣押劳动者档案或者其他物品的，依照前款规定处罚。

公司没签劳动合同，
离职时我能拿到哪些补偿？

实践中，一些初创公司在制度方面不完备。

我的一个亲戚小冯毕业后找工作，好不容易进了一家她比较满意的公司，可惜这家公司是初创的，还处于起步发展阶段，很多制度都是小冯帮着完善的。进入公司六个月后，小冯提出签订劳动合同，老板却总是以自己忙或其他理由拖着。时间长了小冯也看出来了：老板根本不愿意跟自己签合同。但如果自己因为这个原因辞职，短时间内也找不到合适的工作，再说，工资一直按时发着，一切都还好。可是，到年底的时候，公司以"亏损，养不起那么多人"为由把她打发走了。小冯也毫无办法。

我国法律明确规定用人单位与劳动者应当遵循合法、公平、平等、协商一致、诚实信用的原则订立劳动合同。已经建立劳动关系，还没有订立书面劳动合同的，应当自用工之日起一个月内订立劳动合同，用工前如果已经订立劳动合同的，劳动关系自用工之日起建立。也就是说，当我们被公司录用，一定要和公司签订劳动合同。如果用人单位自用工之日起超过一个月不满一年没有与劳动者订立劳动合同的，应当向劳动者每月支付两倍的工资。

也就是说，如果小冯在该公司工作了八个月，每月工资五千元，那么到她被辞退的时候，公司应该按照每月两倍的标准——也就是一万元的标准给她支付工资，一共八万元。

所以，如果用人单位不及时和我们订立劳动合同，受到损失最大的是用人单位。我们可以依照法律，要求用人单位支付两倍工资，遭到拒绝的话，可以先向当地的劳动仲裁委申请仲裁，也可以拨打劳动监察部门的投诉电话，请求行政查处。不要认为仲裁是件很麻烦或很费钱的事。劳动仲裁是免费的，而且程序也比较简单，所需要的证据材料也容易搜集。再者，现在的仲裁委和法庭都注重服务性，我们可以前往询问，大致和普通政府机关的服务窗口差不多。如果实在没有精力，可以委托律师处理。

同时，一定要注意，劳动合同必须是书面形式的。签订合同时要注意有一种"单方合同"，也就是合同中只约定了劳动者应该遵守的条款，以及违反约定后要承担的责任，但是没有写明劳动者享受的权利，对于这类合同要谨慎签订，不能因为入职心切就糊涂了事。还有一类是"生死合同"，就是有些高危行业以高薪诱惑劳动者签订"生死协定"，在合同中约定"发生工伤概不负责"之类的条款，这类合同是违法的，有可能无效或可撤销。

相关法律、法条

《中华人民共和国劳动合同法》第八十二条　用人单位自用工之日起超过一个月不满一年未与劳动者订立书面劳动合同的，应当向劳动者每月支付二倍的工资。

用人单位违反本法规定不与劳动者订立无固定期限劳动合同的，自应当订立无固定期限劳动合同之日起向劳动者每月支付二倍的工资。

公司没有为我缴纳社保和公积金，我该怎么办？

为员工缴纳社保对用人单位来说是一笔不小的成本，但这是法定义务，这种义务在任何情况下都不能免除。

目前，仍有一些用人单位不为员工缴纳社保。但是，我们买房时往往需要查询社保缴纳情况，很多大城市甚至要求三年或五年不断缴才有购房资格，而且，我们以后的养老金也跟社保挂钩，社保缴得多，以后的养老金才会多一些，如果年轻时没有缴纳一定年限的社保，老年时拿不到养老金。这点一定要注意，我们要保护好自己的利益，认真确认自己的社保缴纳情况。如果因为公司不缴纳社保而导致我们的利益受到损害，公司应当承担相应的法律责任。如果与公司协商无果，可以向劳动仲裁部门申请仲裁，要求公司补缴；还可以向劳动监察部门、社保的管理部门举报。若对仲裁裁决不服，可以向法院提起诉讼。

缴纳公积金和缴纳社保相同，也是公司的法定义务。只有有住房公积金，购买房子时才可以申请公积金贷款。如果公司没有给我们缴纳公积金，会给我们造成很大的损失，比如无法享受公积金贷款的较低利率。但是公积金和社保还不相同，我们不能采取起诉或者仲裁手段，而是要向公积金管理中心投诉，公积金管理中心会督促企业为我们缴纳公积金。

相关法律、法条

《中华人民共和国劳动法》第七十二条　社会保险基金按照保险类型确定资金来源，逐步实行社会统筹。用人单位和劳动者必须依法参加社会保险，缴纳社会保险费。

如何解除劳动合同？

小岚在一家公司兢兢业业工作了八年，她去年刚贷款买了房子，房贷占了工资不小的比例。可怕的是：一天下午，人资部通知她被裁员，让她两个小时后就搬离工位，从此不用再来了。小岚发了半天呆才想起来：公司和她签订的劳动合同还没有到期，她需要公司给个说法。

关于劳动合同的解除，分为以下两种情况进行处理。

第一种：劳动者提出解除，也就是我们常说的辞职。

我们如果因为自己的原因（觉得工资少、生活另有安排、累了不想干了等）需要解除劳动合同，可以通过以下三种方式来解除。第一种是协商解除，就是和公司协商一致解除劳动合同。第二种是通知解除，也就是说我们决定辞职后，提前三十天以书面的形式通知公司要求解除劳动合同，公司不得拒绝，我们履行通知义务就可以了。如果是在试用期内，那么提前三天告诉用人单位即可。最后一种是过错解除，就是如果公司有过错，那么我们可以不用告知单位，直接解除合同，也就是说我们可以立刻离开公司。公司的过错包括：没有劳动保护和劳动条件、没有足额发放工资、没为员工缴纳社保、用人单位违反法律法规或规章等。

第二种：用人单位提出解除劳动合同。

用人单位想解除劳动合同，有三种方式。其一是与我们协商，协商一致后解除。其二是通知解除，也就是说公司不需要与我们商量，直接提前三十天通知我们或者额外支付我们一个月工资后就可以解除劳动合同。但后者发生得较少，通常是：员工患病或者不是因为工伤，在规定的医疗期满后不能从事原工作，也不能从事公司另外安排的工作；员工不能胜任工作，经过培训或者调整工作岗位后还不能胜任工作；客观情况变了，劳动合同根本无法履行，双方也不能达成协议变更劳动合同。其三是"裁员解除"，也就是我们常说的"被裁员"，大致就是公司破产、公司发生经营困难、企业转产、重大技术革新等，可以进行裁员，但是要给足员工经济补偿金。如果公司需要裁减员工二十人以上，或者虽然不足二十人，但占职工总数百分之十以上的，应该听取工会或职工意见，裁减人员方案也应当向劳动行政部门报告。

至于要给员工的经济补偿金，《中华人民共和国劳动合同法》第四十七条明确规定：经济补偿按劳动者在本单位的工作年限，每满一年支付一个月工资的标准向劳动者支付。六个月以上不满一年的，按一年计算；不满六个月的，向劳动者支付半个月的工资进行经济补偿。如果说劳动者的月工资高于用人单位所在的直辖市、设区的市级人民政府公布的本地区上年度职工月平均工资三倍以上的，以当地职工月平均工资三倍数额为限向其支付经济补偿，最高年限不得超过十二年。

也就是说，本节案例中的小岚，被公司辞退后，她可以向公司主张的经济补偿金为：她的月工资八千元乘以工作年限八年，再加上公司因为没有提前三十天通知她而应该付出的一个月工资，加起来一共七万两千元。这不是个小数目，一下子拿到了这么多钱，小岚完全可以覆盖掉自己重新找工作期间的开支，轻松度过这段人生的低谷期，不是吗？

如果公司真的对我们做了违反劳动法的事情，我们与公司协商不成，可以向劳动仲裁委申请仲裁或向劳动监察部门举报。我曾经帮助一个朋友申请劳动仲裁，她的老板得知我们要仲裁时打电话过来无理取闹，说："你们告去啊！谁怕谁？我家哪里都有人……"结果，受理通知书送到他手上时，他在公司群里忙不迭地给我那位朋友道歉，并要请她吃海鲜……最后，我朋友的公司被裁定赔了五万元。所以姐妹们，如果公司的做法不对，你只要按法律规定做就好了。

《中华人民共和国劳动合同法》第三十六条　用人单位与劳动者协商一致，可以解除劳动合同。

第三十七条　劳动者提前三十日以书面形式通知用人单位，可以解除劳动合同。劳动者在试用期内提前三日通知用人单位，可以解除劳动合同。

第四十一条　有下列情形之一，需要裁减人员二十人以上或者裁减不足二十人但占企业职工总数百分之十以上的，用人单位提前三十日向工会或者全体职工说明情况，听取工会或者职工的意见后，裁减人员方案经向劳动行政部门报告，可以裁减人员：

（一）依照企业破产法规定进行重整的；

（二）生产经营发生严重困难的；

（三）企业转产、重大技术革新或者经营方式调整，经变更劳动合同后，仍需裁减人员的；

（四）其他因劳动合同订立时所依据的客观经济情况发生重大变化，致使劳动合同无法履行的。

裁减人员时，应当优先留用下列人员：

（一）与本单位订立较长期限的固定期限劳动合同的；

（二）与本单位订立无固定期限劳动合同的；

（三）家庭无其他就业人员，有需要扶养的老人或者未成年人的。

用人单位依照本条第一款规定裁减人员，在六个月内重新招用人员的，应当通知被裁减的人员，并在同等条件下优先招用被裁减的人员。

警 惕 试 用 期

　　李菲大学毕业后去了一家设计公司，谈好的试用期为六个月，试用期每个月只给两千元工资。六个月后公司告诉她："很抱歉，你没有通过试用期，需要另谋高就。"李菲感到很挫败，但是没说什么，只是觉得自己不够优秀，没达到公司的要求，收拾东西就离开了。后来，她无意间和朋友说起这事，朋友笑道："那家公司招去的新人，就没有工作超过六个月的。这是他们的低价用工套路啊！"

　　苏明毕业后应聘了一家游戏公司，谈好试用期为四个月，结果苏明卖力地工作了四个月后，公司说还不够了解苏明，需要再试用两个月，苏明想了想，觉得四个月都过去了，再忍两个月吧。结果两个月过后，公司通知苏明，现有另一个岗位空缺，公司决定将苏明调到那个岗位，但是要重新试用，试用期为半年，那个岗位工资还能高一点儿，苏明咬咬牙又答应了，六个月后公司对苏明说："抱歉啊，您没有通过我们的试用期。"就这样，苏明一年的时间就被浪费了。

其实刚开始找工作的姐妹们会经常遇到这类情况，因为有些公司想节省用人成本。

那么我们就需要了解相关法律，识别用人单位在试用期方面给我们设置的陷阱。

首先我国法律规定，劳动合同可以约定试用期，但试用期最长不得超过六个月。这么说，李菲是不是对公司毫无办法？并不是的，因为《中华人民共和国劳动合同法》也同时规定：劳动合同期限三个月以上不满一年的，试用期不得超过一个月；劳动合同期限一年以上不满三年的，试用期不得超过两个月；三年以上固定期限和无固定期限的劳动合同，试用期不得超过六个月。也就是说：法律对试用期是有强制性规定的。如果用人单位想将我们的试用期定为六个月，则必须与我们签订三年以上的固定期限或者无固定期限的劳动合同。同时，公司不能简简单单地说"你不符合我们的录用条件"，而是必须有合理理由。

另外，还有重要的一点就是：试用期的工资不得低于本单位相同岗位最低档工资或劳动合同约定工资的百分之八十，同时也不得低于用人单位所在地的最低工资标准。所以李菲就职的公司，双方约定工资为六千元，试用期应按百分之八十计算，只给两千元是违法的。

我国劳动合同法规定了同一用人单位，对同一劳动者只能约定一次试用期。而案例二中用人单位和苏明约定了三次试用期是违法的，这点我们一定要注意。

相关法律、法条

《中华人民共和国劳动合同法》第十九条　劳动合同期限三个月以上不满一年的，试用期不得超过一个月；劳动合同期限一年以上不满三年的，试用期不得超过二个月；三年以上固定期限和无固定期限的劳动合同，试用期不得超过六个月。

同一用人单位与同一劳动者只能约定一次试用期。

以完成一定工作任务为期限的劳动合同或者劳动合同期限不满三个月的，不得约定试用期。

试用期包含在劳动合同期限内。劳动合同仅约定试用期的，试用期不成立，该期限为劳动合同期限。

第二十条　劳动者在试用期的工资不得低于本单位相同岗位最低档工资或者劳动合同约定工资的百分之八十，并不得低于用人单位所在地的最低工资标准。

孕期特殊保护

孕期被辞退了怎么办？

我从前在漫画公司上班时，有一位能力很强的同事因为怀孕被辞退了，公司直接通知，限她三天内离开，也不知道经济补偿金有没有给。这件事被其他同事诟病了很久，直接导致的结果就是：以后老板再给大家许诺时，大家就会讪讪地笑，私下里总会议论一句："老板连孕妇都辞退，我们还指望什么呢？听听就行了。"后来，被辞退同事的老公将这件事提请劳动仲裁了。

女性怀孕生子常常是职业生涯的转折点，如果公司以此为由解除劳动关系，往往对女性的职业和人生造成很大的打击。

《中华人民共和国劳动法合同法》明文规定女职工在孕期、产期、哺乳期内，用人单位不得解除劳动合同。这个大家应该都能理解。但是有些公司的劳动合同是一年一签的，而我们怀孕生子就需要一年，有些公司在合同期届满的时候不再与已怀孕的女职工续签合同，那么该女职工其实和被辞退也差不多。关于这个问题，与其相关的司法解释为：劳动者在医疗期、孕期、产期和哺乳期内，劳动合同期限届满时，用人单位不得终止劳动合同。劳动合同的期限应自动延续至医疗期、孕期、产期和哺乳期期满为止。

有人可能会问，如果我是未婚先孕，也适用上述规定吗？未婚先孕也是怀孕呀，所有的待遇和婚内怀孕一模一样，请放心大胆地迎接这个新生儿吧。

如果我们在孕期受到公司不公正的对待，可以申请劳动仲裁。在孕期，我们的第一要务是放松心情，保护好身体，保证充足的睡眠，保护好肚中的孩子。

相关法律、法条

《中华人民共和国劳动合同法》第四十二条　劳动者有下列情形之一的，用人单位不得依照本法第四十条、第四十一条的规定解除劳动合同：

……

（四）女职工在孕期、产期、哺乳期的；

……

孕期中的你对某些工作有权说"不"

小熙毕业之后在酒店担任前台，签了三年的劳动合同，工作需要久站，有时候还要值夜班，偶尔还要承担客房清洁工作，将酒店的床单被褥打包搬下楼换洗。一年后，小熙怀孕了，但胚胎着床不稳，医生建议小熙好好养胎，不要久站、弯腰、下蹲等。于是小熙向公司申请调到一个稍微轻松点儿的岗位，因为她要值很多夜班，现在的身体扛不住。公司领导拒绝了她的申请。小熙很难受，因为以她现在的身体状况，一直站着很累，经常头晕目眩。她有点儿想辞职，但是生活压力大，而且还有了孩子，所以她很是踌躇。

女性在怀孕期间身体往往会出现一些不适，面临的压力也会更大。本着保护女职工合法权益的原则，人力资源和社会保障部发布的《女职工劳动保护特别规定》中规定了一系列用人单位不得安排孕期女性从事的劳动：

作业场所空气中铅及其化合物、汞及其化合物、苯、镉、铍、砷、氰化物、氮氧化物、一氧化碳、二硫化碳、氯、己内酰胺、氯丁二烯、氯乙烯、环氧乙烷、苯胺、甲醛等有毒物质浓度超过国家职业卫生标准的作业；从事抗癌药物、己烯雌酚生产，接触麻醉剂气体等的作业；非密封源放射性物质的操作，核事故与放射事故的应急处置；高处作业分级标准中规定的高处作业；冷水作业分级标准中规定的冷水作业；低温作业分级标准中规定的低温作业；高温作业分级标准中规定的第三级、第四级的作业；噪声作业分级标准中规定的第三级、第四级的作业；体力劳动强度分级标准中规定的第三级、第四级体力劳动强度的作业；在密闭空间、高压室作业或者潜水作业，伴有强烈振动的作业，或者需要频繁弯腰、攀高、下蹲的作业。

如果你孕期被安排的工作包含在其中，那么你有权要求公司调整岗位，以保护自己在孕期的合法权益。

该规定中也明确：女职工在孕期不能适应原劳动的，用人单位应当根据医疗机构的证明，予以减轻劳动量或者安排其他能够适应的劳动。对怀孕七个月以上的女职工，用人单位不得延长劳动时间或者安排夜班劳动，并应当在劳动时间内安排一定的休息时间。怀孕女职工在劳动时间内进行产前检查，所需时间计入劳动时间。

所以，根据上述规定，小熙可以拿出医生开具的证明，要求酒店对她进行调岗。

最后我再介绍一下我国的产假制度。我国《女职工劳动保护特别规定》规定：女职工生育享受九十八天产假，其中产前可以休假十五天；难产的，增加产假十五天；生育多胞胎的，每多生育一个婴儿，增加产假十五天。女职工怀孕未满四个月流产的，享受十五天产假；怀孕满四个月流产的，享受四十二天产假。产假期间应该给女职工发放生育津贴——对已经参加生育保险的，按照用人单位上年度职工月平均工资的标准由生育保险基金支付；对未参加生育保险的，按照女职工产假前工资的标准由用人单位支付。如果我们哺乳未满一周岁的婴儿，用人单位不得延长劳动时间或者安排夜班劳动，还要给我们每天在工作时间内安排一个小时的哺乳时间。

所以，姐妹们不要担心，安心度过我们的孕期吧！

相关法律、法条

《中华人民共和国劳动法》第六十条　不得安排女职工在经期从事高处、低温、冷水作业和国家规定的第三级体力劳动强度的劳动。

第六十一条　不得安排女职工在怀孕期间从事国家规定的第三级体力劳动强度的劳动和孕期禁忌从事的活动。对怀孕七个月以上的女职工，不得安排其延长工作时间和夜班劳动。